Saarland

Wolfgang Felk

DUMONT direkt

Der Schaumberg bei Tholey

Inhalt

Willkommen

Zu Gast im Saarland

Saar-Spektakel in Saarbrücken

12 Highlights

Ausflüge

Extra-Touren

Stadtpläne

25 Reisetipps

Das Saarland im Internet

Surftipps

Den besten Gesamtüberblick über alle touristisch wichtigen Informationen bietet die Website der Tourismus Zentrale Saarland. Darüber hinaus präsentiert sich das Saarland als Bundesland auf einer Website mit vielfältigen Links zu allen wesentlichen Bereichen des Landes. Auch die Landeshauptstadt, der Regionalverband Saarbrücken, die Landkreise, Kreisstädte und alle Gemeinden haben eigene Websites mit touristischen Links oder eigene touristische Sites. Gleiches gilt für alle größeren Theater, Museen, Festivals etc.

Allgemeine Informationen

www.tourismus.saarland.de Die modern gestaltete, bedienerfreundliche Website der Tourismus Zentrale Saarland (TZS) stellt in Kurzform alle Regionen und die touristischen Highlights des Landes vor. Außerdem gibt es Links zu allen örtlichen Tourist-Informationen, praktische Tipps, Veranstaltungskalender, einen Button für die Online-Kataloganforderung, Themen- und Pauschalangebote. Mit einfachen Schritten ist es möglich, online einen Saarland-Aufenthalt (Hotel, Fremdenzimmer, Ferienwohnung, Pauschalangebote etc.) zu buchen.

www.saarland.de Die offizielle Website des Saarlandes mit Informationen zur Geschichte, Wirtschaft, Kultur, zur Arbeit der Regierung und der Ministerien.

www.saarbruecken.de
Die offizielle Homepage der Landeshauptstadt mit Veranstaltungskalender

www.die-region-saarbruecken.de
Alle wichtigen Events im Stadtverband, tagesaktuell und im Jahreskalender, dazu Tourenvorschläge und Pauschalarrangements.

www.lcto.lu
Informative Website des Luxembourg City Tourist Office (wahlweise auf Deutsch), über den Link »City Highlights« erfährt man die Daten der wichtigsten Events des Jahres.

www.mairie-metz.fr
Offizielle Website der Stadt Metz mit guten Kurztexten zu Geschichte, Kultur, Wirtschaft, Freizeit etc.

Freizeit und Kultur

www.museumsverband-saarland.de
Übersicht über alle saarländischen Museen, Öffnungszeiten, Eintrittspreise

www.naturpark.org
Infos über den Naturpark Saar-Hunsrück: Lage, Natur, Projekte, touristische Aspekte, Tourenvorschläge etc.

www.sol.de
Die Website der ›Saarbrücker Zeitung‹ mit Terminen und Themen des Tages aus dem ganzen Land.

www.biosphaere-bliesgau.de
Informiert aktuell und umfassend über alle Umwelt-, Bio-Aktivitäten und -Produkte im Bliesgau.

www.granderegion.net
Umfassende Informationen über die Großregion Saar-Lor-Lux (auch auf dt.).

Gastronomie

www.guide-orange.de
www.meininger.de
www.regioguide.com
Die drei führenden (Ver-)Führer zum guten Essen im Saarland und ›drumrum‹.

Wetter

www.sol.de/wetter/index.html
www.wetter.com
Das Wetter für den Tag, Wochenprognose, Biowetter, Pollenflug etc.

Willko

… im kleinsten Bundesland auf dem sonnigen Südbalkon der Republik! Licht und weit das breite Band der Saar im Südwesten des Landes, grün, knorrig, geheimnisvoll der Norden mit seinen Badeseen und tiefen Wäldern, besänftigend die satten Streuobstwiesen im lieblichen Blies- und Saargau. Sonnendurchflutet die weinselige Mosel an der Grenze zu den Nachbarn Frankreich und Luxemburg. Magisch

mmen

die Zeugnisse keltisch-römischer Vergangenheit, abenteuerlich die rostigen Riesen der Industriekultur. Dazwischen – freundlich, leger, lebensfroh – der »Homo Saraviensis«. Und – dazu passend – die hohe Kochkunst, die er landauf, landab genüsslich zelebriert – in der einfachen Dorfwirtschaft wie auch im Drei-Sterne-Haus. Willkommen in der schönsten Provinz – mitten in Europa!

Willkommen

Abendstimmung am St. Johanner Markt in Saarbrücken

Zukunftsschmiede Saarland

Mal ganz ehrlich, insgeheim hat doch fast jeder (der noch nicht hier war) dieses Bild vom Saarland im Kopf: Feuer speiende Hochöfen, dunkle Rußwolken über grauen Arbeiterstädten. Und es gibt sie ja auch noch, die letzten Reste der Montanindustrie, die das Land über Jahrhunderte geprägt hat. An der mittleren Saar in Völklingen und Dillingen, wo noch richtig Stahl gekocht wird und jeden Tag mehrmals die rote Feuerglut des Schlackenabgusses über der Stadt lodert. Doch Kohle und Stahl sind nur noch Randerscheinungen, nach einer langen, schmerzhaften Phase der Umstrukturierung ist inzwischen die Automobilindustrie mit ihren Zulieferern der neue Motor der Wirtschaft. Und auf den ehemaligen Industriebrachen wuseln inzwischen tausende junge Leute im weißen Kragen, um zusammen mit der Saar-Universität aus Informatik, Nano- und Biotechnologie die neuen Zukunftsindustrien an der Saar zu schmieden.

Längs der Saar

Das Saarland ist ein Land im Umbruch, aber es war immer schon ein schönes Land. Egal, aus welcher Richtung man anreist, überall geht es zunächst durch sanft gewelltes, waldreiches Hügelland, das dann allmählich ins breite Tal der Saar ausläuft. Der Fluss entspringt auf dem Götterberg Donon in den Vogesen. Schon gut 80 km Wegstrecke durch Lothringen hat er hinter sich, wenn er in Saargemünd ankommt, der sympathischen, eng mit Saarbrücken verbandelten Grenzstadt. Hier mündet auch gleich der zweitgrößte Fluss des Landes, die Blies, die sich vom beschaulichen St. Wendeler Land im Norden über das ehemalige Neunkircher Hüttenrevier auf den Weg in den bäuerlich-barocken Bliesgau macht, einst beliebtes Siedlungsgebiet der Kelten, Römer und Merowinger und eine der schönsten Landschaften des Saarlandes.

Auf ihrem letzten Stück ist die Blies Grenzfluss zu Frankreich wie auch die Saar auf ihrem Weg von Saargemünd nach Saarbrücken. In der Landeshauptstadt angekommen, teilt sie die Stadt in die alten Schwesterstädte St. Johann und Alt-Saarbrücken, die erst 1909 offiziell *eine* Stadt wurden. Ab Saarbrücken-Burbach über Völklingen bis Dillingen säumt der Fluss das Industrierevier an der mittleren Saar. Und von Ferne grüßt die alte Festungsstadt Saarlouis, von der aus man über den Saargau und durch das idyllische Tal der Nied fast unmerklich über die Grenze nach Lothringen gleitet, wo man im Übrigen noch dieselbe moselfränkische Mundart spricht. Dann streift die Saar Merzig, das Apfel- und Viez-Paradies im

Westen, und macht zum guten Schluss bei Mettlach noch die berühmte, äußerst fotogene Saarschleife, bevor sie sich nach Rheinland-Pfalz verabschiedet und in Konz bei Trier in die Mosel fließt.

Wein wächst an der Saar erst hinter der Landesgrenze, es gibt also auf saarländischem Boden keinen Saarwein, wohl aber exquisiten Moselwein. Der wächst bei Perl, wo man im wunderschönen Dreiländereck über die Weinberge hinweg nach Lothringen und Luxemburg schaut. Bei diesen perfekten Rahmenbedingungen schmerzt es umso mehr, dass die Dörfer und Städte des Landes nicht immer mit dem Liebreiz der Landschaft mithalten. Allzu viele der schönen Lothringer Bauernhäuser im Gau und vor allem die typischen Arbeiterbauernhäuser in den Ortschaften rings um die Industriereviere wurden ein Opfer der allseits grassierenden saarländischen Heimwerkerwut.

Land der kurzen Wege

Von Ost nach West misst das Saarland 90 km, von Nord nach Süd 60 km. Alles liegt nah beieinander. In höchstens zwei Stunden hat man mit dem Auto das ganze Land durchmessen. In Saarbrücken locken zwei schöne Altstadtbezirke links und rechts der Saar, Kirchen, Museen, Theater, eine bunte Kneipenszene mit Angeboten bis tief in die Nacht. Von hier ist es ein Katzensprung zum fantastischen Weltkulturerbe Völklinger Hütte, wo man gut einen ganzen Tag verbringen kann. In einer halben Stunde ist man in der »heimlichen Hauptstadt«, dem gemütlichen Saarlouis, genauso schnell im Bliesgau mit seiner kleinen Barockresidenz Blieskastel und den gallo-römischen Freiluftmuseen in Homburg-Schwarzenacker und Bliesbruck-Reinheim. Eine knappe Stunde braucht man zur Saarschleife, ins St. Wendeler Land, zu den Badeseen im Hochwald und seinen urigen Wanderparadiesen, die zu den schönsten in Deutschland gehören. Unbedingt zu empfehlen ist, das Saarland – zumindest streckenweise – mit dem Fahrrad zu durchstreifen, auf wunderbaren Radwegen, die das ganze Land durchkreuzen.

Ein Sprung über die Grenze darf bei einem Saarland-Besuch natürlich auch nicht fehlen: ein kurzer nach Saargemünd oder an die Luxemburger Weinstraße, ein längerer in die kleine Europa-Hauptstadt Luxemburg und die »Ville lumiere« Metz, die strahlende Metropole Lothringens. Und überall warten längs des Weges schöne Hotels, Restaurants, Ausflugslokale, Wasserparadiese oder Wellness-Oasen zum Ausspannen und Sich-verwöhnen-Lassen.

Im Windschatten der Mächtigen

An vielen Stellen im Land kann man es noch sehen: Kulturell haben zunächst Kelten, Römer und Franken das Land geprägt. Immer aber lag das heutige Saarland etwas im Windschatten der mächtigen Städte ringsum: von Trier, der römischen Kaiserresidenz, von Metz, der Hauptstadt des fränkischen Königreichs Austrasien. Im Mittelalter regierten Kaiser und Könige von ihren (Neben-)Sitzen in Luxemburg und der Pfalz aus das Reich, flankiert von mächtigen Kurfürsten und Kardinälen in Mainz, Metz und Trier. In der Saarregion etablierten sich skurrile Mini-Fürstentümer aus Schwaben, Hessen, Oldenburg, Sachsen-Coburg und Lothringen. Lediglich das Fürstentum Nassau-Saarbrücken und das Herzogtum Pfalz-Zweibrücken brachten es im 17./18. Jh. zu einiger Reputation. Herzog Karl II. August war sogar Alleinerbe des Hauses Wittelsbach. In freudiger Erwartung künftiger Ehren ließ er schon mal ein Schloss bei Homburg bauen, größer als Sanssouci und Versailles. Doch die Nachwehen der Französischen Revolution haben alles hinweggefegt.

Saarländische Sonderwege

Im 19. Jh. wurde das Land aufgeteilt auf die beiden Königreiche Preußen und Bayern, ein kleiner Teil im Norden ging an das Großherzogtum Oldenburg. Kohle und Eisen, die jetzt in großem Umfang abgebaut und verhüttet wurden, veränderten die Landschaft, topografisch und sozial: Kleine Bauern und Tagelöhner aus allen Teilen des Landes machten sich auf in die Industriereviere an Saar und Blies. Viele hausten unter der Woche in den sogenannten Schlafhäusern am Rande der Hütten und Gruben. Andere ließen sich in den neu gebauten Arbeitersiedlungen nieder, die ihnen Industriebarone wie die Röchlings oder Stumms zu günstigen Konditionen anboten – um den Preis totaler Abhängigkeit und sozialer Kontrolle durch den Arbeitgeber.

Nach dem Ersten Weltkrieg wurde die Saarregion kraft des Versailler Vertrages unter der Verwaltung des Völkerbundes zum »Saargebiet« – ein für die meisten Saarländer unbefriedigender Zustand, dem sie mit der ersten Saarabstimmung 1935 pro Deutschland (trotz Hitler) ein Ende machten. Auch 1955, als ein europäischer Sonderstatus für die Saar zur Wahl stand, entschieden sich die Saarländer nach erbitterten Auseinandersetzungen im Lande wieder mehrheitlich für Deutschland: Das war die Geburt des Saarlandes – als zehntes Bundesland der Bundesrepublik. »Eine lange Vorgeschichte zu einer kurzen Geschichte«, hat ein saarländischer Journalist diesen Weg einmal genannt. Ein Weg, geprägt von Sonder- und Irrwegen, hitzigen Auseinandersetzungen, aber auch Verbrüderungen oder zumindest sachten Annäherungen an den einstigen »Erbfeind«, Besatzer und heutigen guten Nachbarn Frankreich.

Nach dem Zweiten Weltkrieg war »Die Saar« mit eigenem Ministerpräsidenten und französischem Hochkommissar, Franken-Währung, aus Frankreich importierten Wirtschaftsgütern – vom Kaffee über die Gauloise, den algerischen Rotwein, die marokkanischen Datteln bis zu den schicken Limousinen aus dem Hause Citroën oder Peugeot – für ein Jahrzehnt eine exotische kleine »gallo-germanische« Insel zwischen Deutschland und Frankreich mit durchaus eigener Identität. Ein Image, das auch heute noch nachwirkt.

Arm, aber weise

Max Palü zum Beispiel, der rundliche, Rotwein, Käse und Frauen genießende saarländische »Tatort«-Kommissar, inzwischen im TV-Ruhezustand, verkörperte diesen frankophilen Typus Saarländer, den »Saarländer-de-luxe«, wie ihn ein heimischer Autor einmal genannt hat, – im Gegensatz zum »Standard-Saarländer«, der seine proletarischen Wurzeln, sein Häuschen und sein *Hemmweh* kultiviert und Mitglied in mindestens einem halben Dutzend Vereinen ist (er erinnert an den »Becker-Heinz«, die zweite prominente saarländische TV-Figur). Beide sind sicherlich Klischee-Typen. Aber vielleicht ist der »echte« Saarländer ja eine bunte Mischung aus beiden: bodenständig und weltläufig, katholisch und genusssüchtig, rund und eckig. Opportunist und Querdenker, »Dummschwätzer« und Weiser, Prolet und Ästhet. Er hadert nicht, sondern lebt in Harmonie mit seinen Widersprüchen. »Das Streben nach Perfektion ist zutiefst unsaarländisch, denn erst in der Lust am menschlichen Makel ist der Mensch unter Menschen glücklich«, hat ein Journalist der »Frankfurter Allgemeinen Sonntagszeitung« festgestellt: »Fahrradfahren an den Saaranlagen, Essen in Lothringen, Sex, die übersichtliche Vertrautheit der Städte, die ganze Palette des nachbarschaftlichen, kollegialen und insgesamt sozialen Miteinanders – das sind die wahren postindustriellen und epikureischen Ressourcen in einem armen, aber weisen Land.«

Das Saarland in Zahlen

Land und Leute

Das Saarland ist mit ca. 2600 km^2 Fläche der kleinste deutsche Flächenstaat. Es hat etwas über 1 Mio. Einwohner, verteilt auf sechs Landkreise und 52 Gemeinden. Landeshauptstadt und größte Stadt ist Saarbrücken mit ca. 176 000 Einwohnern. Es folgen Neunkirchen (ca. 48 000), Homburg (ca. 44 000) und Völklingen (ca. 40 000).

Geografie und Klima

Drei große Naturräume prägen die Region: der Hunsrück mit dem Schwarzwälder Hoch- und Idarwald, der einen Großteil des Naturparks Saar-Hunsrück ausmacht, das lothringisch-pfälzische Schichtstufenland mit den fruchtbaren Gaulandschaften an Saar, Mosel und Blies und das Saar-Nahe-Bergland. Fast ein Drittel des Landes ist bewaldet. Im Norden und Osten grenzt das Saarland an Rheinland-Pfalz, im Westen an Luxemburg und im Süden an Frankreich mit seinem Département Moselle in Lothringen.

Wirtschaft

Kohle und Stahl prägten über Jahrhunderte den Industriestandort Saar. Heute gibt es nur noch ein »Bergwerk Saar« in Ensdorf, das 2012 geschlossen werden soll. Dazu die Dillinger Hütte, Saarstahl Völklingen und St. Ingbert, das kleine Stahlwerk Bous und die Eisengießerei Halberger Hütte. Hauptarbeitgeber ist inzwischen die Automobilindustrie (Ford Saarlouis) mit ihren zahlreichen Zulieferbetrieben. Stark gefördert wird auch eine innovative Forschungslandschaft mit international renommierten Spitzeneinrichtungen in der Informationstechnologie (Fraunhofer Institut, Deutsches Forschungszentrum für Künstliche Intelligenz), Nano- und Biotechnologie, Medizin- oder Fertigungstechnik.

Geschichte

Gladiatoren-Darsteller in der römischen Villa Perl-Borg

400–25 v. Chr.	Die Kelten halten Einzug im Saar-Mosel-Raum, um 400 v. Chr. entsteht das Fürstinnengrab von Reinheim, Mitte 2. Jh. v. Chr. der Ringwall bei Otzenhausen.
58 v. Chr.–Mitte 3. Jh. n. Chr.	Das Gebiet der keltischen Treverer und Mediomatriker wird unter Kaiser Augustus Teil der römischen Provinz Belgica. Unter der Pax Romana erlebt sie eine Zeit wirtschaftlicher Blüte. Es entstehen viele kleinere Siedlungen und größere Handelsorte bei Saarbrücken, Pachten und Schwarzenacker.
5. Jh.	Franken und Alemannen überschreiten den Rhein und vertreiben die Römer. Die Region gehört nun zu Austrasien, dem östlichen Teil des Frankenreichs mit der Hauptstadt Metz.
7. Jh.	Christianisierung durch iro-schottische Wandermönche. St. Wendalinus gründet – der Sage nach – 634 das Kloster Tholey, der fränkische Adelige Liutwin 695 das Kloster Mettlach.
843	Im Vertrag von Verdun wird die Saarregion dem Mittelreich Kaiser Lothars (»Lotharingien«) zugesprochen.
925	Vereinigung Lothringens mit dem (späteren) Deutschen Reich.
999	Erste Erwähnung des »Castellum Sarabruca«
1368	Zwischen dem Herzogtum Lothringen und dem Trierer Kurstaat (Kurtrier) entsteht ein (bis 1778) dauerndes »Kondominium« mit gemeinsamer Verwaltung.
1381	Die Grafen von Nassau treten die Erbfolge in der Grafschaft Saarbrücken an. Sie gründen um 1430 die ersten *Kolengruben* und *Ysenschmiten* an Saar und Blies.

1679–1697	Frankreich verleibt sich die Saarprovinz ein, muss sie aber 1697 wieder zurückgeben. Ludwig XIV. erbaut die Festung Saarlouis, die bis 1815 französisch bleibt.
1741–1793	Unter den Fürsten Wilhelm Heinrich und Ludwig von Nassau-Saarbrücken erleben Saarbrücken und St. Johann eine wirtschaftliche und kulturelle Blütezeit. 1766 fällt Lothringen an Frankreich, die Saarregion ist endgültig Grenzgebiet. 1792/93 besetzen französische Revolutionstruppen das Land. Fürst Ludwig, der Herzog von Pfalz-Zweibrücken und die Gräfin von der Leyen in Blieskastel fliehen außer Landes, ihre Schlösser werden zerstört.
1815	Im Wiener Kongress wird der größte Teil des Landes mit Saarbrücken und Saarlouis Preußen, der Südosten Bayern zugeschlagen.
Ab 1820	Erste Phase der Industrialisierung des Bergbaus unter preußischer Aufsicht. Das Neunkircher Eisenwerk wird (seit 1806) von den Gebrüdern Stumm, die Völklinger Hütte (ab 1881) von der Familie Röchling geführt.
August 1870	Schlacht auf den Spicherer Höhen bei Saarbrücken zwischen Preußen und Frankreich. 9000 Tote und Verwundete.
1909	Die drei Saarstädte (Alt-)Saarbrücken, St. Johann und Burbach-Malstatt vereinigen sich zur Großstadt Saarbrücken.
1919	Im Versailler Vertrag wird das »Saargebiet« dem Völkerbund unterstellt.
13.1.1935	In der ersten Saar-Abstimmung entscheiden sich 90,76 % der Bevölkerung für die Rückgliederung ins Deutsche Reich.
Ab 1945	Das Saargebiet steht unter Verwaltung der französischen Militärregierung. Johannes Hoffmann bildet 1947 die erste saarländische Regierung.
23.10.1955	In der zweiten Saar-Abstimmung entscheiden sich 67,7 % für die politische Rückgliederung in die Bundesrepublik Deutschland (in Kraft getreten 1957, wirtschaftlicher Anschluss 1959).
1998	In der Charta für kulturelle Zusammenarbeit der Region SaarLorLux wird der Grundstein für eine europäische »Großregion« gelegt, zu der auch Trier, die Westpfalz und Wallonien gehören.
2009	Das Jahrzehntprojekt »Stadtmitte am Fluss« soll in Angriff genommen werden.

Gut zu wissen

Alice Hoffmann als »Vanessa Backes«

Berühmte Saarländer/innen

Heinz Becker (»Geh fott«, s. S. 15), Frank Farian (»Boney M.«), Ludwig Harig (s. u., »Literaturtipps«), Peter Hartz (»Hartz I–IV«), Armin Hary (»10,0«), Erich Honecker (DDR), Nicole (»Ein bisschen Frieden«), Patricia Kaas (aus Forbach stammend, quasi eingemeindet; »Mademoiselle chante le blues«), Oskar Lafontaine (»Das Herz schlägt links«), Max Ophüls (»Lola Montez«), Gustav Regler (»Das Ohr des Malchus«) – die Liste ließe sich natürlich fortsetzen.

Einkaufen in Frankreich

Wegen der Nähe zu Frankreich bietet sich ein Einkaufsbummel vor allem in den Grenzorten Forbach, Grosbliderstroff und Sarreguemines (Saargemünd) an – weniger wegen irgendwelcher Schnäppchen, die sind wegen der höheren Mehrwertsteuer eher selten, aber ein französischer *supermarché* wie »Cora« oder »Record« besticht schon allein durch seine Größe, sein überbordendes Angebot und das charmante deutsch-französische »Kauderwelsch« an den Theken und Kassen. Sehr gut und stets frisch ist das Angebot an Käse, Fisch, Meeresfrüchten, *pâté* und Baguette. Riesengroß und recht günstig – vor allem während spezieller Aktionswochen – ist das Angebot an französischen Weinen, Sekt und Champagner.

Besonders stimmungsvoll sind auch die Wochenmärkte in Forbach (Di/Do) und Sarreguemines (Di/Fr), wo sich Lothringer mit nordafrikanischem Flair mischt. Falls Sie vom Saarland aus eine Bahnreise nach Frankreich planen: Starten Sie z. B. in Forbach, das Ticket ist in Frankreich bis zu 30 % günstiger!

Literaturtipps

Von Ludwig Harig, dem bekanntesten saarländischen Schriftsteller der Gegenwart, stammen die vollmundigsten Zitate zum Wesen seiner Landsleute. In drei autobiografischen Romanen (»Ordnung ist das halbe Leben«, »Weh dem, der aus der Reihe tanzt«, »Wer mit den Wölfen heult, wird Wolf«) hat Harig überdies seine Familien- und die Saargeschichte von 1930 bis 1960 eindrucksvoll miteinander verknüpft. Wunderbare Gedichte – nicht nur über seine Landsleute – schreibt der vielfach preisgekrönte Lyriker Johannes Kühn aus Tholey-Hasborn. Lesenswert auch »Auf dieser Grenze lebe ich – die sieben Kapitel der Zuneigung« von Reinhard Klimmt und »Tour de Kultur – 100 neue Entdeckungsreisen in Saar-Lor-Lux« (Hg. Stefan Miller). In die Besonderheiten von »Geschichte, Kultur, Arbeit, Leben in der Großregion« führt auch der schöne, informative Bildband »Im Reich der Mitte« (Hg. Eva Mendgen, Volker Hildisch, Hervé Doucet). Amüsant zu lesen und ein guter Einstieg für Neu-Saarländer ist das Büchlein »Mir sinn halt so« von Gerhard Bungert und Charly Lehnert, die Mentalität und Lebensart der Saarländer mitunter etwas klischeehaft, meist aber treffend beschreiben.

Mundart

Der saarländische Kabarettist Gerd Dudenhöffer, besser bekannt als ewig nörgelndes Oberhaupt der TV-»Familie Heinz Becker«, hat die saarländische Mundart in der ganzen Republik bekannt gemacht. »De Becker-Heinz« stammt aus Bexbach in der Saarpfalz, ganz im Osten des Landes. Er spricht genau genommen nur eine Variante der saarländischen Mundart, die viele Facetten hat. Die markanteste Sprachgrenze verläuft auf der Höhe von Saarlouis, wo die rheinfränkische in die ganz anders geartete moselfränkische Mundart übergeht – was zur Folge hat, dass sich z. B. die Saarländer in Perl an der Mosel mit ihren Luxemburger Nachbarn auf Platt besser verstehen als mit ihren Landsleuten aus der Saarpfalz. Weitere populäre Mundartkoryphäen (mit TV-Präsenz) sind »Vanessa Backes« (Alice Hoffmann), »Jacques Bistro« (Detlev Schönauer) und »Elfriede Grimmelwiedich« (Ewald Blum).

Saarländischer Rundfunk

Der SR ist mit seinen vier Hörfunkprogrammen, seiner Beteiligung im SR-Fernsehen-Südwest und in der ARD ein bedeutender Wirtschafts- und Kulturfaktor im Lande. Vor allem mit seiner Vielzahl an öffentlichen Veranstaltungen trägt er wesentlich zur Bereicherung des öffentlichen Lebens bei. Die »Deutsche Radio Philharmonie Saarbrücken-Kaiserslautern« gibt regelmäßig Konzerte in der Kongresshalle und im Großen Sendesaal auf dem Halberg. Dort – und auch an anderen Spielstätten im ganzen Land – werden Hörfunk- und Fernsehsendungen mit Publikum aufgezeichnet (»SR-Gesellschaftsabend«, »Jazz live with Friends«, »Bistro Musique«). Das populärste Event des Jahres auf dem schönen Freigelände rings um Schloss Halberg ist das »Halberg-Open-Air« zu Beginn der Sommerferien, zu dem Zehntausende junger Leute strömen (Tel. 0681/6020, www.sr-online.de).

SaarLorLux

Am Anfang standen das Saarland, Lothringen und Luxemburg – und die Erkenntnis, historisch, kulturell und wirtschaftlich dieselben Wurzeln zu haben. Mit kleinen Schritten begann man durch gemeinsame Projekte allmählich und vorsichtig Grenzen und Nationalegoismen zu überwinden. Später gesellten sich noch Rheinland-Pfalz und das belgische Wallonien dazu. Es entstand die vom Luxemburger Jacques Santer formulierte Vision, bis 2020 gemeinsam zu einer Großregion zusammenzuwachsen, die eventuell beispielhaft für ein künftiges »Europa der Regionen« sein könnte. Jüngster Meilenstein auf diesem Weg war das Projekt »Europäische Kulturhauptstadt 2007«, das Luxemburg gemeinsam mit der Großregion realisierte.

Sprachprobleme

Im Saarland werden Sie (hoffentlich) keine haben. Im lothringischen Grenzgebiet spricht oder versteht man in der Regel auch noch Deutsch, Tendenz aber – vor allem bei jungen Leuten – leider abnehmend. In Luxemburg gilt: Die gebürtigen Luxemburger sprechen in der Regel Deutsch, wegen des hohen Ausländeranteils im Lande kann es aber auch schon mal zu Verständigungsproblemen kommen.

Feste & Unterhaltung

Beliebtes Festival: »Sommerszene Saar«

Feste und Festivals

Die Fest- und Feierfreude der Saarländer ist legendär. Ungezählt sind die kleinen Straßen-, Dorf- und Vereinsfeste, spektakulär die sommerlichen Highlights wie das Altstadtfest und das »Saar-Spektakel« in Saarbrücken oder der »Emmes« in Saarlouis. Im ganzen Land gibt es Anlässe und Gelegenheiten zum Feiern ohne Ende: nahrhafte Kartoffel- und waffenklirrende Römer-Tage. Ein heißes Electricity-Festival und ein zünftiges »Wambe-Feschd«, schwule »Warme Nächte und ein frommer Quirinus-Ritt. Im kältesten November noch stehen die Leute auf dem St. Johanner Markt in Saarbrücken Spalier, wenn der »Beaujolais nouveau« ausgeschenkt wird. Und Mitte März beim Frühlingsfest in Merzig wird schon wieder mutig die Freiluftsaison eingeläutet. Da sind Essen, Trinken sowie eher leichte und laute Unterhaltung angesagt.

Für die feineren Zwischentöne sorgen die vielen kulturellen Events querbeet im ganzen Land: Jazz in kleinen Clubs oder auf der Völklinger Hochofenbühne, das deutsch-französische Theaterfestival »Perspectives« in Saarbrücken oder die Oper in der Zeltstadt Merzig. Das »Halberg-Open-Air« für die Kids und das »Klassik-Open-Air« am Losheimer See für Fans klassischer Musik; dazu Brücken- oder Nachbarschaftsfeste auf und an der französischen Grenze, Viez- und Weinfeste zwischen Saar und Mosel und, und, und …

Max-Ophüls-Filmfestival

Mitte Januar treffen sich in **Saarbrücken** für eine knappe Woche die besten Nachwuchsregisseure aus dem deutschsprachigen Raum, um Jury und Publikum ihre neuesten Spielfilme und Dokus vorzustellen. Im »Schlepptau« viele Schauspieler, Produzenten und Fachjournalisten, mit denen man nach den Vorführungen oder im Festival-Club in lockerer Atmosphäre fachsimpeln und Kontakte knüpfen kann. Die Max-Ophüls-Trophäe (benannt nach dem in Saarbrücken geborenen Regisseur der 1930er bis 1950er Jahre) zählt zu den begehrtesten Filmpreisen in Deutschland, Österreich und der Schweiz (www.max-ophuels-preis.de).

Musikfestspiele Saar

Dieses hochkarätige Festival der klassischen Musik findet alle zwei Jahre statt und ist *das* kulturelle und gesellschaftliche Event. Es ist jeweils einem Land oder einer Region gewidmet. Die Veranstaltungen finden etwa zwischen **April und September** statt und sind meist über die gesamte **Großregion SaarLorLux** verteilt. Mit renommierten

Orchestern und Solisten aus dem Gastland, die an interessanten Spielorten wie der Industrie-Kathedrale St. Ingbert oder dem Metzer Arsenal auftreten (www.musikfestspiele-saar.de).

Eppelborner Figurentheater-Tage

Anfang März ziehen im Kulturzentrum »Big Eppel« für eine Woche Figuren aus der geheimnisvollen Welt der Marionetten, Masken und Puppen kleine und große Zuschauer in ihren Bann (Tel. 068 81/96 91 00, www.bigeppel.de).

Internationale SaarLorLux Classique

Oldtimer-Rundfahrt durch das Saarland, Lothringen und Luxemburg **Ende Mai/Anfang Juni**

Saarlouiser »Emmes«

Am **ersten Juni-Wochenende** lässt es die alte Festungsstadt rund um den Alten Markt so richtig krachen: Musik- und Showprogramme auf sieben Open-Air-Bühnen, 70 Open-Air-Restaurants, buntes Treiben in den Altstadtgassen.

Internationales Pfingstsportfest

Am **Pfingstmontag** treffen sich traditionell 250 Spitzenathleten aus aller Welt im Rehlinger Bungert-Stadion zu einem der bedeutendsten Leichtathletik-Meetings in Europa (LC asics Rehlingen, Tel. 068 35/76 11).

Kirkeler Burgsommer

Von **Mitte Juni bis Mitte August** können Kinder und Erwachsene auf der romantischen Burgruine Kirkel eine Zeitreise ins Mittelalter unternehmen: in einem Ritterlager leben, eigene Schwerter schmieden, mit der Armbrust schießen, alte Handwerke ausprobieren. Am Sa und So laden dann noch zusätzlich Gaukler, Musikanten und Artisten zum Erlebniswochenende für Jung und Alt. Am Wochenende des dritten Advent versammeln sich alle noch mal zur stimmungsvollen »Burgweynacht«.

Sommerszene Saar

Langjähriges populäres Straßentheaterspektakel mit hochkarätigen Gruppen aus ganz Europa. Zu Beginn der Sommerferien gastieren die Gruppen zwei Wochen lang zuerst in Saarbrücken, dann in Völklingen und Dillingen (www.sommerszene.de).

Saarbrücker Sommermusik

Kleines, ambitioniertes Avantgarde-Festival an ausgesuchten Spielstätten, zwischen August und Oktober, Eintritt frei.

Saar-Spektakel

Am **ersten August-Wochenende** feiert **Saarbrücken** seinen Fluss mit allerlei feucht-fröhlichen Events wie Drachenbootrennen, Jetstream-Shows, Yachtparade etc. Zehntausende sind auf den Beinen, genießen das breit gefächerte Unterhaltungsprogramm und natürlich Kulinarisches für alle Geschmäcker (www.saarspektakel.de).

Dampflokfest

Am **zweiten August-Wochenende** feiern die Hobby-Eisenbahner der »Merzig-Büschfelder Eisenbahn« rings um den historischen Bahnhof in **Losheim am See** ihre Jahresfete mit Sonderfahrten, Ausstellungen und Kulturprogramm. Die Eisenbahn fährt auch sonst zwischen Ostern und Advent zu festgelegten Terminen (www.museumsbahn-losheim.de).

Kulturmeilenfest

Am **ersten Sonntag im September** präsentieren das Saarland Museum, die

Musikhochschule, das Staatstheater und der Saarländische Rundfunk längs der »Kulturmeile« am Saarufer in **Saarbrücken** eine lockere »Leistungsschau« ihrer Häuser mit Kunstaktionen, Kabarett, Musik und Kostproben aus dem Programm der neuen Theatersaison.

St. Ingberter Pfanne

Zur Woche der Kleinkunst **Anfang September** pilgern jährlich die besten deutschsprachigen Nachwuchs-Comedians und Kabarettisten, um einen der begehrtesten Kabarett-Preise in Deutschland zu ergattern.

Keltenfest

Am **zweiten September-Wochenende** ziehen die Kelten ein in den Europäischen Kulturpark **Bliesbruck-Reinheim** (nachdem Ende Juni schon die Römer dort zu Gast waren). Im Original-Outfit bieten sie Kostproben keltischer Handwerkskunst, Kampftechnik und Küchenkultur.

Wendalinus-Woche

Mitte Oktober kommen nach alter Tradition Wallfahrer von nah und fern nach **St. Wendel** gepilgert – ans Grab des Heiligen Wendalinus in der Basilika, wo während der »Wendelswoche« auch schöne Kirchenkonzerte stattfinden.

Jazz-Transfer International

Breitgefächertes Blue-Note-Event im coolen Saarbrücker November.

Feiertage

1. Januar (Neujahr), Karfreitag, Ostermontag, 1. Mai (Tag der Arbeit), Christi Himmelfahrt, Pfingstmontag, Fronleichnam, 15. August (Mariä Himmelfahrt), 3. Oktober (Tag der deutschen Einheit), 1. November (Allerheiligen), 25./26. Dezember (Weihnachten), 23. Juni (Nationalfeiertag in Luxemburg), 14. Juli (Nationalfeiertag in Frankreich).

Abenteuerlich: Esel-Trekking auf Schmugglerpfaden

Vom Norden aus das Land erkunden

Für einen (Kurz-)Urlaub mit Kindern empfehlen wir Ihnen als »Standort« das nördliche Saarland. Mit seinen beiden Badeseen in Losheim am See und Bosen, dem Erlebnisbad Schaumberg in Tholey und dem kombinierten Freizeit- und Mineralbad in Merzig ist diese Region quasi schon durch ihre natürlichen Reize ideal für Kinder. Dazu kommen die recht günstigen Quartiere in schönen Ferienwohnungen, Hotels, Pensionen und auf dem Bauern- oder Reiterhof.

Mit den Wölfen heulen

Gut untergebracht kann man dann ausschwärmen, neugierig und spielerisch auf mannigfache Weise die Natur und das Land erkunden: auf Barfußwanderwegen (Waldhölzbach) oder Tastpfaden (Britten), per Fahrrad oder Mountainbike, auf Esels- oder Pferderücken oder mit der nostalgischen Dampfeisenbahn von Losheim am See. Im »Edelsteindorado« von Freisen darf man sich sogar als Schatzgräber betätigen. Und auf dem abenteuerlichen Keltischen Ringwall bei Nonnweiler-Otzenhausen herumzukraxeln macht ebenso viel Spaß wie die Sommerrodelbahn oder das »Rutschenparadies« auf dem nahen Peterberg hinunterzusausen oder im Erlebnispark Schaumberg im *Batsch* (saarländisch für Schlamm) zu spielen. Im Naturwildpark Hermbachtal darf man Rehe und Hirsche füttern und im Neunkircher Zoo wird man Zeuge einer spannenden Greifvogelschau. In der Erlebnisschmiede Biringer in Tünsdorf können Kinder den Hammer schwingen, im Bergbaumuseum Bexbach und St. Ingbert unter Tage Bergmann spielen.Ein einmaliges Erlebnis ist mit Sicherheit auch ein Besuch im Wolfspark Merzig, wo man den »Wolfsmenschen« Werner Freund buchstäblich mit den Wölfen heulen hört.

Römer, Ritter und Gespenster

Aktiv eintauchen in die Vergangenheit, das kann man bei diversen abenteuerlichen Historienspektakeln mit keltischen Schwertkämpfern und römischen Legionären im Europäischen Kulturpark Bliesbruck-Reinheim etwa oder in der Römervilla Borg im Saargau. Über die Burgruinen und Schlösser des Landes wie Kirkel, Nohfelden, Wadern-Dagstuhl, Siersburg, Teufelsburg-Überherrn, Mettlach-Montclair und das lothringische Malbrouck ziehen den ganzen Sommer über mittelalterliche Marketender, Mimen und Musikanten. Begleitet von diversen Burg- und Schlossgespenstern, die im Saarbrücker Schloss und auf der Burg Montclair zu festen Zeiten ihren Spuk veranstalten.

Kultur für Kids

Rings um das Saarbrücker Schloss und auf dem Waderner Marktsommer gibt es während der Sommermonate zusätzlich »Kultur für Kids« mit Theater, Musik und Clownerien. Die Landeshauptstadt hat auch ein eigenes Kinder- und Jugendtheater namens »Überzwerg« und ein Figurentheater im Rathauskeller. Und das Saarland Museum bietet Führungen und Kunstaktionen speziell für Kinder.

Übernachten

Modernes Haus in alten Mauern: das Angel's Hotel in St. Wendel

Rund 15 000 Gästebetten kann das Saarland seinen Besuchern anbieten. Über das ganze Land verteilt findet man exklusive), komfortable, gemütliche oder rustikale Unterkünfte: Hotels, Pensionen, Privatzimmer, Ferienwohnungen, Jugendherbergen und Campingplätze. Neben Hotels bekannter Ketten wie Victor's, Mercure, Novotel und Best Western gibt es alteingesessene Familienbetriebe mit individuellem Flair. Die Preise sind recht günstig, vor allem auf dem Land. In den Hotels sollte man sich auf jeden Fall auch nach preiswerten Pauschal-, Themen- oder Wochenendtarifen erkundigen.

Stadt oder Land?

Egal, wo man sein Quartier aufschlägt, alle Orte des Landes sind in 1–1,5 Std. gut zu erreichen. Wer abends gern etwas erleben möchte, der sollte sich in Saarbrücken oder Saarlouis niederlassen, wo die Nächte bei Bedarf sehr lang werden können. Wer eher seine Ruhe und dazu ein einfacheres Quartier haben will, geht besser auf's Land – übrigens auch der, der Luxus sucht: Er wird fündig in Perl-Nennig, Überherrn oder Weiskirchen.

Hotels & Pensionen

Das Saarland wartet mit einem 5-Sterne-Haus und 15 4-Sterne-Hotels auf (davon zwei Superior Class) in meist schöner, ruhiger Lage. Die Landeshauptstadt bietet fünf 4-Sterne-Häuser, aber auch im 3-Sterne-Bereich kann man hier gut und (im Vergleich zu anderen Großstädten) günstig übernachten. Das gilt auch für alle anderen Häuser im ganzen Land, die vorwiegend neueren Datums oder aber frisch renoviert sind und ihre Gäste in der Regel mit einem hervorragenden Frühstück verwöhnen.

Pauschal oder individuell?

Viele Hotels bieten Pauschalangebote an – der Fantasie der Hoteliers sind keine Grenzen gesetzt: Es gibt kombinierte Gourmet- und Wellness-Angebote, »Römische Wochenenden«, ein Theater-, Champagner-, Rosen- oder Wander-Weekend. Vor allem in der Nebensaison wird versucht, mit Schnäppchen-Angeboten Gäste für das Saarland zu interessieren. Besonders günstig ist es von Mitte Oktober bis Mitte Dezember und von Anfang Januar bis Mitte März.

Gesundheit und Wellness

Auch in diesen Bereichen ist das Saarland gut gerüstet. Zwei renommierte und moderne Kurkliniken in Mettlach-Orscholz und Weiskirchen bieten nicht nur ärztlich verordnete Vorsorge- und Reha-Maßnahmen, sondern auch private Gesundheitsvorsorge an – von Nordic-Walking-Kursen bis zu traditioneller chinesischer Medizin. Hinzu kommt das breit gefächerte Angebot der Wellness-Hotels mit Schwimmbädern, Saunen, Fitness-, Massage-, Relax- und Beauty-Bereich. Fünf Häuser, vorwiegend im nördlichen und westlichen Saarland, bieten ein mehr oder weniger umfangreiches Wellness-Programm an, meist verknüpft mit kulinarischen, kulturellen oder naturverbundenen Aktionen.

Ferienwohnungen und Privatzimmer

Vor allem für einen längeren Familienurlaub sind Ferienwohnungen preislich interessant. Es gibt sie in allen Teilen des Landes, schwerpunktmäßig in der Hochwaldregion um die Seen bei Losheim, Bosen und Nonnweiler. Reizvoll sind für Tierfreunde die zahlreichen Angebote für Ferien auf dem Bauern- oder Reiterhof. Privatzimmer werden ebenfalls überall angeboten, teilweise sogar in den Städten. Sie kosten ab 35 € für zwei Personen. Die Vermietung läuft meist über die Tourist-Informationen vor Ort oder die Tourismus Zentrale Saarland.

Jugendherbergen

Fünf Herbergen bieten ihre Dienste an: Jugendherberge an der Saarschleife, Jugendgästehaus Dreisbach-Mettlach, Jugendherberge Homburg, Europa Jugendherberge und Jugendgästehaus Saarbrücken, Schaumberg-Jugendherberge und Jugendgästehaus Tholey sowie Jugendherberge Weiskirchen. Neben Mehrbettzimmern gibt es dort meist auch Familienzimmer. Erforderlich ist ein Ausweis des Deutschen Jugendherbergswerks (DJH), den es auch für »Senioren« (ab 27 Jahre) gibt. Infos: DJH-Jugendherbergen in Rheinland-Pfalz und im Saarland, In der Meielache 1, 55122 Mainz, Tel. 061 31/37 44 60, Fax 061 31/37 44 6 22, www.diejugendherbergen.de.

Camping/Reisemobile

37 Campingplätze und 25 Reisemobilstellplätze gibt es im Saarland. Bei allen Campingplätzen empfiehlt sich rechtzeitige Anmeldung. Die Preise liegen in der Hochsaison bei ca. 5 € pro Nacht und Person. Zusätzlich bezahlt man für ein Zelt durchschnittlich 4 € und für ein Wohnmobil ungefähr 8 €.

Reservierung empfohlen

Für die Ferienzeiten – vor allem die Sommerferien – empfiehlt es sich, rechtzeitig ein Quartier zu buchen oder zu reservieren. In den Städten ist auch in den Frühjahrs- und Herbstmonaten sowie zu Messe- und Festival-Terminen eine frühzeitige Reservierung erforderlich.

Preise in diesem Reiseführer

Die im Kapitel »Orte von A bis Z« (s. S. 36ff.) angegebenen Hotelpreise gelten jeweils für ein Doppelzimmer inklusive Frühstück.

Reiterferien auf dem Lande

Das Gestüt Nahetal am Bostalsee in Nohfelden-Gonnesweiler ist ein Paradies für alle jungen Island-Pony-Fans. Jeder Gast bekommt seinen »Is«, um den er sich kümmern darf. Reitunterricht gibt's an der Longe, in der Bahn und im freien Gelände. Dazu ein spannendes Rahmenprogramm wie Schwimmen im Bostalsee, Nachtwandern, zusammen Essen und Feiern – und Schlafen in schönen Mehrbettzimmern. Auch Wanderreiter sind gern gesehene Gäste (Tel. 068 52/921 05, www.gestuet-nahetal.de).

Essen & Trinken

In der saarländischen Küche brodelt's mal bodenständig, mal raffiniert

Hauptsach gudd gess …

Das Essen (und Trinken) spielte schon immer eine große Rolle im Leben der Saarländer. Wenn man einen sagen hörte, er habe »gudd gess«, dann meinte er ursprünglich: Es habe *dehemm* (zu Hause) oder auswärts, auf Besuch oder in der Wirtschaft, ausreichend, um nicht zu sagen, überreichlich zu Essen gegeben. Quantität stand also für Qualität, verständlich bei einer mehrheitlich aus nicht gerade wohlhabenden Bauern oder Industriearbeitern bestehenden Bevölkerung, die stets auf ausreichende Kalorienzufuhr aus preiswerten Grundprodukten angewiesen war. Und diese kamen oft aus dem eigenen *Gäadsche* (Garten), wobei die vielfältig verwertbare *Grumbeer* (Kartoffel) die Hauptrolle spielte. Kein Wunder also, dass ein deftiges Kartoffelgericht in den Rang eines saarländischen Nationalgerichts gehoben wurde: der *Dibbelabbes* (s. S. 25).

Kult ist längst auch der Schwenkbraten, kurz »Schwenker« genannt, ein mariniertes Stück Schweinefleisch, das sich sommers saarlandweit sozusagen in einer Endlosschleife auf dreh- und schwenkbaren Rosten über Holzkohlefeuer dreht – frei nach dem Motto »Der Mensch denkt, Gott lenkt, der Saarländer schwenkt!«

Bodenständig und raffiniert

Spätestens mit dem wachsenden Einfluss der Franzosen an der Saar in den 1950er Jahren hat sich auch die Küche verfeinert, so dass sich die saarländische Küche heute als gelungene Melange aus *gudd un vill* präsentiert, als gutbürgerliche Kochkunst, mal deftig-bodenständig, mal individuell und fantasievoll erweitert, mal auf höchstem gastronomischem Niveau.

Das wusste vor vielen Jahren schon Gourmet-Papst Wolfram Siebeck zu würdigen, als er das Saarland bereiste: »Ich aß in kleinen, bescheidenen Kneipen der Saarbrücker Altstadt und fand Qualität, wie ich sie in ähnlicher Umgebung, in Paris zum Beispiel, lange, lange suchen müsste.« Wobei sich – und das ist typisch für das Saarland – die Qualität beileibe nicht nur auf die Hauptstadt beschränkt: »Ich war verblüfft, auch in kleinen, abgelegenen Ortschaften Restaurants zu finden, in denen gekocht wird, als hätten sich die Inspekteure des Guide Michelin angemeldet.« Und die haben das kleine Saarland inzwischen gleich zweimal mit drei Sternen und einmal mit einem Stern ausgezeichnet. Nimmt man noch Trier und die nahe Grenzregion von Lothringen und Luxemburg hinzu, dann kann man von Saarbrücken aus in einem Umkreis von 100 km in nicht weniger als 14 Sternelokalen schlemmen!

Das Saarland kulinarisch entdecken

Saarländische Kochkunst wird allerorten selbstbewusst, vielseitig und einfallsreich zelebriert: Die Wirte längs der romantischen **Eichenlaubstraße** zwischen Perl an der Mosel und Freisen-Oberkirchen im Hochwald bieten saisonale Gerichte aus Produkten an, die aus der Region stammen. Bei den **»Hochwälder Kartoffeltagen«** im Oktober präsentieren die Köche alte und neu kreierte *Grumbeer*-Gerichte, im November folgen die **»Hochwälder Wildtage«** und die **»Bliesgau-Lammwochen«,** an denen die besten Köche der Region teilnehmen. Es gibt von einzelnen Hotel-Restaurants angebotene Schlemmer-Wochenenden, z. B. »Reise ins Reich der Sinne«, »Leben wie Gott in Frankreich« oder »Gudd gess – Essen wie Heinz Becker im Saarland«. Man kann Kulinarisches in Verbindung mit Wellness, Wandern oder Kultur genießen bzw. bei den originellen »Tafeltouren« oder beim »Schlemmer-Radeln« gleich eine schöne Tour inklusive eines guten Hotel-Restaurants buchen (s. S. 29). Schon ab etwa 100 € pro Person im Doppelzimmer (zwei Übernachtungen) sind solche Arrangements zu haben.

Das Preisniveau

Ein Essen in einem einfachen, gutbürgerlichen Lokal bekommt man ab ca. 8 €, wobei viele Restaurants mittags auch ein Stammessen für um die 5–7 € anbieten. Ein Drei-Gänge-Menü in einem Lokal mit anspruchsvoller Küche gibt es ab etwa 27 €. Auch die Kreationen der Spitzenköche sind durchaus noch erschwinglich mit Angeboten ab etwa 35 €. Di–Do bieten manche Häuser Menüs zum Sonderpreis.

Vom Wein zum Viez

Was wäre das beste Essen ohne einen dazu passenden guten Tropfen? Unser Rat: Seien Sie bei der Weinauswahl »Patriot«. Schauen Sie auf der Karte zuerst nach den hervorragenden **Weißweinen** der saarländischen Winzer von der Obermosel. Ein fruchtig-spritziger Riesling, Grau- oder Weißburgunder, Auxerrois oder Rivaner wird Sie nicht enttäuschen.

Von den Weinbergen ist es nicht weit bis zu den typischen Streuobstwiesen im Saar- und Bliesgau. Das sind, wie der Name schon sagt, locker verstreute Obstbäume auf der grünen Wiese – mit früher ganz praktischem, doppeltem Nutzen für die Bauern: Die Wiesen boten genug Platz für das Weidevieh, und trotzdem konnten vom Sommer bis zum Herbst Früchte geerntet werden: Kirschen, Mirabellen, Pflaumen, Äpfel und Birnen. Und die wanderten dann umgehend in Obst- oder Marmeladegläser oder wurden – und werden immer noch – in der Brennerei zu Hochprozentigem weiterverarbeitet.

Kultwurst: der »Ringel Lyoner«

Die Schreibweise ist umstritten, die soziokulturelle Bedeutung des »Ringel Lyoner«, der saarländischen Variante der gemeinen Fleischwurst, hingegen nicht: »... des Saarländers besondere Speise, ein rituelles Gericht, sein heiliges Abendmahl« (Ludwig Harig). »Wer Lyoner isst, ahnt die kulinarischen Freuden seiner proletarischen Ahnen, er gibt seinen Senf dazu und schäumt über, wie die ach so beliebte Zutat Bier. Er fühlt sich wohl in seiner Haut. Wie der Lyoner« (Gerhard Bungert).

Nobelrestaurant oder Gartenwirtschaft: »Hauptsach, gudd gess«

Ein beliebtes Forum für spezielle Liebhaber von **Schnaps** und **Likör** sind die alljährlichen **»Hochwälder Edelbrandtage«** Mitte Februar in Nonnweiler, Weiskirchen, Wadern und Losheim.

Aus den Äpfeln von den Streuobstwiesen wird aber hauptsächlich Saft hergestellt oder Most, hierzulande *Viez* genannt, was angeblich auf das lateinische *vice vinum* (»anstelle von Wein«) zurückgeht. Ganz im Zeichen dieses »Ersatzweins« steht die **Viezstraße** (www.viezstrasse-online.de), die vom Merziger Becken, der »Apfelkiste« des Landes, bis ins rheinland-pfälzische Konz verläuft.

Zahlreiche kleinere Erzeuger im ganzen Land verkaufen ihre Produkte ab Hof – nicht nur Saft, Schnaps, Obst und Gemüse, sondern auch Schwein, Rind, Lamm und Geflügel sowie Käse, Brot und Honig. Viele von ihnen sind auch auf den Wochenmärkten des Landes vertreten.

Bierkultur

Die größte Brauerei im Lande hat viele ihrer einstigen Konkurrenten geschluckt, aber eine kleine, feine Brauergilde hat sich mit Spezialprodukten (Zwickelbier) bzw. »Erlebnisbrauereien«, in denen man beim Bierbrauen zuschauen kann, am Markt gehalten. Solche Brauereien gibt es in Saarbrücken, Merzig, Mettlach, Losheim, Nalbach-Körprich, Schmelz, Neunkirchen und Homburg. In den meisten Kneipen lebt aber auch noch die alte »proletarische« Bierkultur fort. Da wird am langen Tresen (bei Hochbetrieb in Dreierreihen) oder am Stammtisch bei einem *Biersche* die Weltlage zwischen Bous, Berlin und Bagdad erörtert. Auch des Saarlands bedeutendster Lyriker, Johannes Kühn, ist ein passionierter Kneipengänger. Er hat einen ganzen Band voller »Gasthausgedichte« geschrieben: »Wasser aus Brunnen genügt nicht. Hier tretet ein, Bier für den Herrn, Wein für die Frau, und kleine Preise für beide.«

Kulinarisches Lexikon

Beddsäächer
Keine Beleidigung für einen, der das Wasser nicht halten kann, sondern deftig angemachter junger Löwenzahnsalat mit ausgelassenem Speck, Essig, Salz, Pfeffer und gehäckseltem Ei.

Bibbelsches Bohnesupp
Ein Suppeneintopf aus gartenfrischen Schnittbohnen mit gewürfelten Kartoffeln und eventuell etwas Speck. Gerne wird er auch zusammen mit einem Stück **Quetschekuche** (Pflaumenkuchen) oder **Grumbierkieschelscher** (Reibekuchen) gegessen.

Dibbelabbes
Mit »Topf-Lappen« nur relativ unzureichend und unappetitlich übersetzt. Eine zwar mächtige, aber leckere Gemengelage aus roh geriebenen Kartoffeln, Lauch und geräuchertem Speck, hierzulande Dörrfleisch genannt. Das alles wird in einem großen, gusseisernen *Dibbe* (Topf) scharf angebraten und oft gewendet, damit es durchgehend eine schöne *Korschd* (Kruste) bekommt. Eine Variante aus denselben Zutaten ist der **Schales,** der wie ein Auflauf im Ofen gebacken wird. Zu beidem wird Apfelmus gereicht.

Gelleriewemotsch
Lautmalerische Bezeichnung für einen Möhreneintopf mit Kartoffeln.

Gefillde
Gefüllte Klöße. Der Kloßteig besteht aus geriebenen rohen und gekochten Kartoffeln, die Füllung aus einem Gemisch von Hackfleisch und Leberwurst. Das Ganze wird serviert mit Speckrahmsoße und Sauerkraut.

Geheirade
Da »vermählen« sich in einer Schüssel Klöße aus einem Eier-Mehlteig *(Mehlknepp)* mit einfachen Salzkartoffeln. Die »Mitgift« ist eine deftige Speckrahmsoße, die über beide gegossen wird, »Trauzeuge« ein frischer Endiviensalat oder *Beddsäächer*, der hierzulande sehr beliebte Löwenzahnsalat.

Hoorische
Der gleiche Kartoffelteig wie bei den *Gefillde* wird zu kleinen, länglichen Klößen geformt, die ihren Namen ihrer stoppelhaarigen Oberfläche verdanken. Beliebt als Beilage zu Braten oder »allein« mit Speckrahmsoße und Sauerkraut.

Hundsärsch
Die Frucht der Mispel sieht aus wie ein solcher, schmeckt aber – destilliert – in der Regel besser. Einer der vielen Streuobst-Schnäpse des Landes.

Kerschdscher
Die saarländische Variante der Bratkartoffeln: roh gewürfelt, scharf angebraten (wegen der schönen Kruste) und bei geschlossenem Deckel gegart. Dazu Kräuterquark oder gebratener *Liooner,* angeblich in Lyon kreierte, im Saarland Kult gewordene Variante der Fleischwurst (s. S. 23), die sich Exil-Saarländer angeblich bis nach Übersee nachsenden lassen.

Schneebällscher
Schneebällchen werden im Saarland nicht geworfen, sondern gegessen. Sie bestehen aus zerdrückten Pellkartoffeln, Mehl, Ei, Salz und Muskat, im Wasserbad gegart. Sie taugen jedoch unverzehrt (nach zwei, drei Tagen) ebenfalls als Wurfgeschosse.

Aktivurlaub

Zum Wandern ideal: die saarländische Hügellandschaft

Archäologie

Unter der Anleitung erfahrener Archäologen können sich Interessierte aktiv an Grabungen im Rahmen von Camps im Europäischen Kulturpark Bliesbruck-Reinheim, im Wareswald bei Tholey und am Keltischen Ringwall Nonnweiler-Otzenhausen beteiligen. Dort finden im Sommer auch Kelten-Workshops für jedermann statt (Infos bei der Tourismus Zentrale Saarland, s. S. 30).

Baden

Sommer-Badespaß pur bieten die Strandbäder der beiden Stauseen in Losheim am See und Nohfelden-Bosen. Hinzu kommen die vielen gut über das ganze Land verteilten Freibäder. Das größte ist das schön gelegene Schwarzenbergbad in der Landeshauptstadt. Für Naturliebhaber empfiehlt sich ein Bad in der Nied. Saar und Mosel sind zum Schwimmen (noch) nicht geeignet. Bei schlechtem Wetter gibt es zahlreiche Indoor-Alternativen wie das »Blau« in St. Ingbert, das Spaßbad »Calypso« in Saarbrücken, das Schaumberg-Bad in Tholey oder das kombinierte Spaß- und Gesundheitsbad Merzig.

Golf

Sechs schön gelegene Anlagen verteilen sich auf das ganze Land: eine 27-Loch-Anlage gibt's im Wendelinuspark in St. Wendel, 18-Loch-Anlagen in Wallerfangen-Gisingen (Golf-Club Saarbrücken), Gersheim-Rubenheim (Golf-Club Katharinenhof) und Homburg-Websweiler (Golfclub Homburg), 9-Loch-Anlagen in Wadern-Nunkirchen (Golf-Club Hochwald) und Nohfelden-Eisen (Golfpark Heidehof).

Inline-Skaten

Skater finden im Saarland nahezu ideale Bedingungen vor: hervorragende Pisten auf dem Bliestal-Freizeitweg (Homburg-Wörschweiler – Gersheim-Reinheim, 30 km), auf dem Saar-Leinpfad Saarbrücken – Merzig (40 km) und Saarbrücken – Saargemünd (20 km), dem Mosel-Leinpfad Perl – Nennig (10 km) oder in Luxemburg auf dem Radweg Schengen – Remich. In Losheim geht es rund um den Stausee (3,3 km), im St. Wendelinus-Sportpark St. Wendel gibt es eine beleuchtete Piste (5,2 km), einen Skater-Park und eine 300 m lange Strecke für Speed-Skater. Info: www.skate-network-saar.de. Kurse, Workshops, Ausflüge: Caro's Inline-Academy, Homburg, Tel. 068 41/156 36, www.inlineskate.de.

Lehrpfade/Thementouren

Viele Gemeinden versuchen, das Typische oder Besondere ihres Ortes in Lehrpfade oder Thementouren einzubinden. So gibt es in allen Teilen des Landes zahlreiche waldkundliche, geologische oder lokalhistorische Pfade, aber auch ganz Spezielles wie einen Streuobst- und Schluchtenweg, einen Barfuß- und Tastpfad (Losheim), einen Bergmanns- und Hüttenweg (Neunkirchen), einen Hugenotten-Weg (Völklingen und Warndt), einen Gänseweg (Blieskastel–Gersheim) und gleich zwei schöne Skulpturenstraßen (Merzig und St. Wendel). Mit dem Fahrrad oder Auto kann man sich auf die Viezstraße (Rehlingen-Siersburg – Konz) oder die Eichenlaubstraße (Perl – Freisen) begeben. Ganz neu ist die »Barockstraße Saar-Pfalz«, die die eher spärlichen, aber nicht uninteressanten Denkmäler einer blühenden Epoche an der Saar verknüpft – zwischen Ottweiler, Homburg, Zweibrücken, Blieskastel, St. Ingbert und Saarbrücken (www.barockstraße-saarpfalz.de).

Meditation

Wer sich fern allen Trubels in aktiver Ruhe ganz auf sich selbst besinnen will, der findet im Ökumenischen Zentrum für Meditation und Begegnung Neumühle in Mettlach-Tünsdorf ein breit gefächertes Angebot an Seminaren von Yoga über Zen, Eutonie und Feldenkrais bis zu christlicher Meditation. Das Zentrum liegt in herrlicher Umgebung und bietet einfache Übernachtungsmöglichkeiten und gute, vegetarische Küche (Tel. 068 68/910 30, www.meditation-saar.de).

Radfahren

Egal ob Rennradler, Biker, Tourenfahrer oder gemächlicher Familienstrampler, das Saarland hat Pisten und Wege für alle »Güteklassen«. Längs der Flusstäler geht es stundenlang ohne Steigung über glatte Asphaltpisten, auch die Stauseen kann man auf eigenen Radwegen umrunden. Jenseits der Gewässer klettert man gemütlich auf bewaldete Höhen und gleitet danach wieder hinunter in grüne Täler. Richtig anspruchsvoll wird es auf den Höhen des Schwarzwälder Hochwaldes. Ganz Ehrgeizige muten sich sogar die Profi-Trainingsstrecke der Mountainbiker rings um die Radhochburg St. Wendel zu. Es stehen sechs große, mit jeweils eigenem Logo ausgeschilderte Radwege (mit km-Angaben, Höhenprofilen und kurzen Ortsbeschreibungen) zur Auswahl, die man auch gut miteinander verknüpfen kann. Der längste ist der »Saarland-Radweg« (362 km), der alle Highlights des Landes streift. Der »Saar-Radweg« (80 km) folgt dem Lauf des Flusses von Saargemünd bis Konz. Der »Saar-Nahe-Höhen-Radweg« (70 km) erstreckt sich von Saarbrücken-Güdingen bis an den Bostalsee. Dazu gesellen sich kleinere Touren auf dem »Niedtalradweg« oder stramme Mountainbike-Touren im St. Wendeler Land und um St. Ingbert. Themenfahrten wie eine »Radtour zu den Römern«, mehrtägige »Schlemmer-Radtouren« und viele ganz individuelle »Bed-and-Bike«-Arrangements von über 50 radlerfreundlichen Hotels, die oft auch Leihräder zur Verfügung stellen. Wem das nicht genügt, der kann seine Aktivitäten

Mit dem Radbus auf die Piste

Am Bahnhof Merzig kann man sein Rad in einen Radbus verfrachten und bis St. Wendel an acht Stationen aussteigen, um eine von elf speziell für den Radbus vorgeschlagenen Touren im nördlichen Saarland zu machen. Vom 1. Mai bis 31. Okt. Sa/So, vom 1. Juli bis 31. Aug. täglich, jeweils ab 9 Uhr. Info Tel. 0681/416230, www.regio-plus-bus.de.

Pisten und Wege für alle Rad-Temperamente

grenzüberschreitend auf die »Velo-Route SaarLorLux« ausdehnen.

Reiten

In nahezu allen Regionen des Landes gibt es Reiterhöfe und auch die Möglichkeit für komplette Familien-Reitferien. Angeboten werden Reitkurse (auf Mietpferden, auch Isländer-Pferde), geführte Reitwanderungen, spezielle Kinder- und Jugendprogramme, auch drei- bis viertägige Pauschalarrangements durch den Bliesgau und den Naturpark Saar-Hunsrück.

Esel-Trekking

Eine besondere Art des Wanderns ist das **Esel-Trekking:** Ein ortskundiger Führer lotst die Wanderer auf alte Schmuggler- oder Bergmannspfade im deutsch-französischen Grenzland und im Hochwald. Die Tiere tragen den Proviant (und evtl. kleine Kinder). Veranstalter ist das Hotel Mühlenthal in Schwalbach-Elm, das Tageswanderungen, aber auch eine Pauschale mit zwei Übernachtungen, Führung und Verpflegung anbietet (ab 170 € pro Person im DZ, Tel. 068 34/955 90, www.hotel-muehlenthal.de).

Wandern

Auf der Hitparade der schönsten deutschen Wanderwege steht das Saarland seit ein paar Jahren ganz weit vorne in den Charts. Das unabhängige Deutsche Wanderinstitut in Marburg hat 31 Touren im ganzen Land mit dem Prädikat **Premiumwanderweg** ausgezeichnet. Die Premium-Qualität zeigt sich in einer besonders abwechslungsreichen Wegeführung auf meist naturbelassenen Pfaden über sanft federnde Waldböden, über Erde und Gras. Mit Ruheplätzen und schönen Ausblicken zwischendurch, durch Täler und Schluchten, über Felsen und Bäche, vorbei an Wiesen, Waldrändern und Seeufern. Wobei jeder Weg seine ganz eigene, für ihn typische

»Dramaturgie« hat, z. B. der Felsenpfad und der Schluchtenpfad in Losheim und die Litermont-Gipfeltour bei Beckingen-Düppenweiler, die in den letzten Jahren sogar zum jeweils schönsten Wanderweg Deutschlands gewählt wurden!

Zu diesen zahlreichen attraktiven Rundwegen, die gut für eine (Halb-)Tagestour geeignet sind, gesellen sich zwei neue, hochinteressante **Fernwanderwege**, für die man mehrere Tage braucht: der Saar-Hunsrück-Steig zwischen Saarschleife, Hochwald, Hunsrück mit Ziel in Trier und/oder Idar-Oberstein (ca. 180 km) sowie der Jakobsweg vom Kloster Hornbach bei Zweibrücken durch den Bliesgau, über Saarbrücken oder Saargemünd in die Lothringer Metropole Metz (ca. 130 km).

Eine weitere interessante Wander-Variante sind die **Tafeltouren:** Am Ende einer Wanderung durch eine besonders reizvolle Gegend des Landes wartet ein leckeres Menü in einem guten Restaurant, z. B. auf dem »Weg der Waldsäume« im Bliesgau, »Im Grenzland« bei Berus, »Auf einsamen Waldpfaden« rund um die Kirkeler Sandsteinfelsen. Ein Pauschalangebot mit einer Übernachtung (inkl. Frühstück) und einem Vier-Gänge-Menü gibt es schon ab 75 € pro Person (im DZ). Auskunft und Buchung bei der Tourismus Zentrale Saarland (s. S. 30).

Längs der Fernwanderwege gibt's auch spezielle Herbergen und Einkehrmöglichkeiten für Wanderer und Pilger, in denen man herzlich willkommen geheißen wird. Auch Arrangements sind buchbar bei der Tourismus Zentrale Saarland (TZS). Dort erfährt man auch, wo es z. B. Rollstuhl geeignete Wanderwege oder Wandern ohne Gepäck gibt (www.wanderbares-saarland. de).

Wassersport

Auf den Freizeit-Stauseen Losheim und Bosen kann man segeln, surfen, tauchen und Tretboot fahren. Auf der Saar in Saarbrücken rudern, Kanu und Tretboot fahren. Kanu fahren ist auch möglich auf der Blies bei Blieskastel-Breitfurt.

Wellness-Oasen im Saarland

In einem Genießerland für alle Sinne gibt es natürlich auch vielfältige Kur- und Wellness-Angebote, die allen Ansprüchen und Erwartungen gerecht werden. Wenn Sie inmitten von Weinbergen in luxuriöser Umgebung mit Blick auf die Mosel (und mit einem Drei-Sterne-Restaurant) stilvoll entspannen wollen, dann sind Sie in **Victor's Residenz-Hotel Schloss Berg** in Nennig gut aufgehoben. Umgeben von rauschenden Wäldern können Sie im **Flair-Parkhotel** des Höhenluftkurorts Weiskirchen bei Nordic Walking oder im sportlich-legeren Vitalis-Zentrum regenerieren. In dem wunderbar gelegenen **Gesundheitszentrum Saarschleife** in Mettlach-Orscholz stehen Ihnen alle Angebote einer gehobenen Kur- und Reha-Klinik zur Verfügung. In St. Wendel ist zwischen Basilika, Barock und Biedermeier auch Platz für Beauty: im **Angel's – Hotel am Fruchtmarkt** und im **Kurschlösschen**. Im nahen Theley ist im **Fontana Vita** Ayurveda angesagt. Auch im Hotel **Zur Saarschleife** in Orscholz, im **Weingärtner** in Bosen, im **Linslerhof** in Überherrn und in der **Hochwiesmühle** Bexbach kümmern sich kundige Hände um Körper und Geist.

Auskunft

… in Deutschland

Tourismus Zentrale Saarland (TZS)
Franz-Josef-Röder-Str. 17
66119 Saarbrücken
Tel. 0681/9272 00
Fax 0681/927 20 40
info@tz-s.de
www.tourismus.saarland.de

Folgende **Broschüren** können kostenlos angefordert werden: »Hotels und Gasthöfe«, »Ferienwohnungen und Pensionen«, »Kulinarisch«, »Wellness«, »Radfahren und Wandern«, »Gruppenreisen«, »Unterwegs auf der Saar«, »Rendez-Vous Kultur«, »Ausflugsziele«, »Camping und Reisemobile«. Dazu die Faltkarten »Saarland mit Sehenswürdigkeiten« und »Erlebnis Vergangenheit – Kelten und Römer im Saarland«.

Touristinformation Region Saarbrücken
Rathaus St. Johann
66111 Saarbrücken
Tel. 0681/938090
Fax 0681/9380938
www.die-region-saarbruecken.de
info@kontour.de

Tourismusverband Merzig-Wadern
Poststr. 12
66663 Merzig
Tel. 06861/73874
Fax 06861/73875
info@merzig-wadern-online.de
www.merzig-wadern-online.de

Tourismus und Kulturzentrale des Landkreises Neunkirchen
Wilhelm-Heinrich-Str. 36
66564 Ottweiler
Tel. 06824/9061400
Fax 06824/9061401
tkn@landkreis-neunkirchen.de
www.rosenkreis.de
www.finkenrech.de

Tourist-Information Landkreis Saarlouis
Kaiser-Wilhelm-Str. 3
66740 Saarlouis
Tel. 06831/444488
Fax 06831/444262
tourismus@kreis-saarlouis.de
www.kreis-saarlouis.de

Saarpfalz-Touristik
Am Forum 3
66424 Homburg
Tel. 06841/104190
Fax 06841/104195
touristik@saarpfalz-kreis.de
www.saarpfalz-kreis.de

Tourist-Information Sankt Wendeler Land
Am Seehafen
66625 Nohfelden-Bosen
Tel. 06852/90110
Fax 06852/901020
tourist-info@bostalsee.de
www.bostalsee.de
www.sankt-wendeler-land.de

… in Luxemburg

Office National du Tourisme
B. P. 10 01
L-1010 Luxembourg
Tel. 00352/4282821
Fax 00352/42828238
info@ont.lu, www.ont.lu

Luxembourg City Tourist Office
30, place Guillaume II

L-1648 Luxembourg
Tel. 00352/22 28 09
Fax 00352/46 70 70
touristinfo@lcto.lu
www.lcto.lu

… in Frankreich

Comité Départemental du Tourisme de la Moselle
24, rue du Pont Moreau, B. P. 8002
F-57003 Metz-Cedex 1
Tel. 00 33/3 87 37-5780
Fax 00 33/3 87 37-58 84
contact@moselle-tourisme.com
www.moselle-tourisme.com
Office de Tourisme de Metz
2, place d'Armes, CEDEX 1
F-57000 Metz
Tel. 00 33/387 55 53 76
Fax 00 33/387 36 59 43
tourisme@ot.mairie-metz.fr
www.metz.fr

Anreise

… mit dem Flugzeug

Die nächsten internationalen Flughäfen sind in Luxemburg und Frankfurt a. M. Zum Flughafen Saarbrücken-Ensheim besteht Linienflugverkehr von Berlin, Hamburg, Düsseldorf, München und Luxemburg. Transfer: ab Hauptbahnhof Saarbrücken mit der Buslinie R 10 oder mit dem Taxi. Flughafen Saarbrücken Betriebsgesellschaft mbH, Balthasar-Goldstein-Straße, 66131 Saarbrücken, Tel. 068 93/830, Fax 068 93/833 13, www.flughafen-saarbruecken.de.

… mit der Bahn

Das Saarland ist mit der Bahn gut zu erreichen. Internationale Direktverbindungen bestehen nach Metz, Luxemburg und Straßburg. Innerhalb Deutschlands existieren mit EuroCity und InterCity gute Verbindungen nach Mannheim, Münster, Duisburg, Düsseldorf, Koblenz und Köln. Und mit dem ICE geht's in 110 Minuten von Saarbrücken nach Paris!

… mit dem Auto

Aus Richtung Norden fährt man über die A1/E422 ins Saarland. Aus Richtung Karlsruhe/Mannheim über die A8. Sie kreuzt die A6 im Neunkircher und die A1 im Saarbrücker Kreuz und führt über Saarlouis als E29 weiter nach Luxemburg und Brüssel.

Von Saarbrücken kommt man über die A32 auf die französische A4, die nach Straßburg oder über Metz nach Paris führt.

Geld

In allen größeren Orten gibt es Bankfilialen, wo man (am Automaten) mit der EC-Karte Bargeld erhält. Die gängigen Kreditkarten werden von den meisten Hotels und Restaurants akzeptiert, nicht aber von kleineren Geschäften und Privatunterkünften.

Notfall

Polizei: 110
Rettungsdienst und Feuerwehr: 112
Polizei Saarbrücken: 06 81/96 20
Pannenhilfe ADAC: 018 02 22 22 22
Fundbüro Saarbrücken: Großherzog-Friedrich-Str. 111, 66121 Saarbrücken, Tel. 06 81/905 35 03.

Telefonieren

Öffentliche Telefonzellen (vielfach nur für Karten) sind ausreichend vorhanden. Telefonieren über Handy ist nahezu ohne Funklöcher möglich.
Landesvorwahlen:
Deutschland: 00 49
Österreich: 00 43
Schweiz: 00 41
Luxemburg: 00 352
Frankreich: 00 33

Öffnungszeiten

Geschäfte: Sie sind meist Mo–Fr von 9/10 bis 18/19 Uhr (in den Städten z. T. 20 Uhr) geöffnet. Sa schließen sie um 14, 16 oder 18 Uhr. Sonn- und feiertags sind die Geschäfte nicht geöffnet. Für Luxemburg und Frankreich gelten ungefähr die gleichen Öffnungszeiten.
Restaurants: Die meisten Restaurants (auch auf dem Lande sowie in Frankreich und Luxemburg) servieren mittags 12–14 und abends 18–21 Uhr warme Mahlzeiten. Zwischen 15 und 18 Uhr ist meist geschlossen. Fr, Sa Abend, So Mittag und vor Weihnachten empfiehlt es sich zu reservieren. Im Winter sind einige Restaurants wegen Betriebsferien geschlossen, daher ruft man besser vorher an.
Museen: Die meisten Museen im Lande sind ganzjährig geöffnet und haben montags geschlossen. Die großen Museen in Saarbrücken sind in der Regel von 10 bis 18 Uhr durchgehend geöffnet.
Kirchen: Im Sommer sind die meisten kunsthistorisch interessanten Kirchen tagsüber geöffnet. Verbindliche Öffnungszeiten gibt es jedoch meist nicht. Ist die Kirche zu, ist man im Pfarramt meist bereit, Besuchern aufzuschließen.

Gesundheit

Die ambulante ärztliche Versorgung ist überall gewährleistet, eine Klinik im Umkreis von 20 bis 30 km stets verfügbar. Über aktuelle Bereitschaftsdienste informieren die Lokalzeitungen und die Mitarbeiter an den Hotelrezeptionen.

Reisezeit

Zu fast allen Jahreszeiten bietet die Region ganz spezielle Reize und Attraktionen: An Ostern beginnt in der Regel die touristische Saison im Lande. Die Ausflugsschiffe starten mit ihren Fahrten, vor allem im von der Sonne verwöhnten Moseltal ist es meist schon angenehm warm, während auf den Höhen des Hochwaldes noch ein kalter Wind wehen kann. Im Mai/Juni bezaubert die Obstblüte auf den Streuobstwiesen des Blies- und Saargaus, in den Garten-, Ausflugs- und Straßenlokalen herrscht Hochbetrieb und es beginnt der Reigen der Stadt- und Dorffeste, Kultur- und Open-Air-Festivals (s. S. 16ff.).

Im Hochsommer stehen die Badeseen im Norden des Saarlandes im Mittelpunkt der Freizeitaktivitäten, im schönen Licht des Spätsommers und Frühherbstes sind Wanderungen durch die Wälder des Hochwaldes von ganz besonderem Reiz. Gleiches gilt für die Apfelernte und besonders die Weinlese an den Hängen der Mosel im Glanze des »Goldenen Oktobers«. Von November bis Februar ist die ruhigste Zeit im Lande, dann haben auch einige Hotels Betriebsferien, vor allem auf dem Land.

Vor Weihnachten lockt der Lichterglanz vieler großer und kleiner Weihnachtsmärkte zwischen St. Wendel, Saarbrücken, Blieskastel, Luxemburg und vor allem Metz! In schneereichen Wintern sind im Hochwald Langlaufloipen gespurt, am Peterberg in Nonnweiler gibt es eine kleine Ski- und Rodelpiste. Und wenn es lange ganz kalt ist, kann man sogar auf dem zugefrorenen Bostalsee Schlittschuh laufen.

Unterwegs im Saarland

Mit der Bahn

Die meisten Städte und größeren Orte im Saarland sind mit der Bahn gut zu erreichen. Günstig ist das Saarland-Ticket, mit dem bis zu fünf Personen einen Tag durch das Saarland (und Rheinland-Pfalz) fahren können. Es kostet im Internet und an Fahrkartenautomaten 26 €, in DB-Zentren 28 € und gilt für Nahverkehrszüge (gegen Aufpreis von 13 € auch für D-Züge). In den meisten Zügen können Fahrräder mitgenommen werden (Mo–Fr ab 9 Uhr kostenlos). Auskunft: Deutsche Bahn, Regionalverkehr, Tel. 0681/11861 (gebührenpflichtig), www.bahn.de.

Von Riegelsberg-Süd verkehrt quer durch Saarbrücken grenzüberschreitend bis nach Saargemünd (F) im 30–60-Minuten-Takt die Saarbahn. Auskunft: Tel. 0681/500355, www.saarbahn.de.

Mit dem Bus

Das Saarland verfügt über ein dichtes Busnetz. Fast alle Orte im Saarland sind mit einem Linienbus erreichbar. Von Saarbrücken aus verkehrt täglich ein Linienbus nach Luxemburg/Stadt und in die französische Nachbarstadt Forbach (Fahrplanauskunft: www.vgs-online.de).

Mit dem Auto

Im Saarland gibt es ein gut ausgebautes Straßennetz. Alle Orte und Sehenswürdigkeiten sind mit dem Auto gut erreichbar und mit ausreichend Parkplätzen versehen.

Mietwagen können in fast in allen Reisebüros sowie in den größeren Orten direkt bei den Anbietern wie Hertz, Europcar und Sixt gebucht werden.

Mit dem Rad

Radfahrern steht ein großes, gut vernetztes System von Radwegen und Touren durch das ganze »SaarRadLand« zur Verfügung (s. a. S. 27, 112f.).

Mit dem Schiff

Auf der Saar kann man von Ostern bis Oktober mit Ausflugsschiffen verschiedene Rundfahrten ab Saarbrücken, Saarlouis, Merzig und Mettlach unternehmen.

Die Mosel lässt sich nur von der Luxemburger Seite aus »befahren«, am besten ab Remich. Von dort legen die »Musel«-Schiffe zu ein- bis dreistündigen Rundfahrten ab (Ostern–Ende Okt., Tel. 00352/758489, www.navitours.lu). In Remich hält auch die »Princesse-Marie-Astrid«, die zwischen Wasserbillig und Schengen pendelt (Ostern–Okt., Tel. 00352/758275, www.moselle-tourist.lu).

In Metz kann man auf der Mosel ab »Plan d'eaux« in den Monaten Juli und August tgl. 45-minütige Stadtrundfahrten machen.

Stadtführungen

In den Städten des Landes werden zu festen Terminen allgemeine Stadtführungen angeboten, aber auch spezielle Thementouren.

Orte vo

Eine gemütliche Radtour längs der Saar oder ein »echtes« Römer-Wochenende an der Mosel, eine Wanderung auf einsamen Pfaden im Hochwald oder turbulente Festivaltage in Saarbrücken, ein Besuch in den kleinen Barockresidenzen Blieskastel und Ottweiler, ein genüssliches Schlemmer- und Wellness-Weekend, eine spannende Urwaldtour, ein Hauch von Abenteuer im Besucherbergwerk oder im

n A bis Z

Weltkulturerbe Völklinger Hütte – dieser Saarland-Führer gibt Ihnen nützliche Tipps und ausgewählte Adressen an die Hand, damit Ihr Aufenthalt zu einem unvergesslichen Erlebnis wird! Und dem, der das ganz besondere Flair der Region erfahren möchte, seien die fünf Extra-Touren und ein Besuch bei den Nachbarn Luxemburg und Frankreich empfohlen.

Highlight 1

Blieskastel (J 6)

Am Anfang der Stadtgeschichte wachte ein Kastell über der Siedlung in den idyllischen Bliesauen, die um 1100 Sitz der Bliesgau-Grafen wurde. Davon ist nichts geblieben. Stattdessen kam Ende des 18. Jh. die Reichsgräfin Marianne von der Leyen aus ihrer alten Heimat Koblenz hierher und machte die südliche »Landesportion« um Blieskastel zur neuen Residenz ihrer weit verstreuten Grafschaft. Mit ihr kam üppiger Barock in den Ort. Knapp 20 Jahre lang wütete der »Bauwurm« in der kleinen Stadt: Neben dem schon existierenden Schloss mit Park und Orangerie wurde auf gleicher Höhe die Schlosskirche errichtet. Unten im Ort entstanden barocke Verwaltungsbauten und repräsentative Wohnhäuser. Die Witwe des Reichsgrafen Franz Carl von der Leyen sei unter den drei Saar-Regenten ihrer Zeit »der einzige Mann« gewesen, behauptet ein Lokalhistoriker. Und der durchreisende Victor Hugo schwankte 1865 zwischen Be- und Verwunderung angesichts der ebenso prächtigen wie eigenwilligen Architektur der kleinen Residenz, von der die Gräfin allerdings nicht mehr viel hatte. 1793 musste sie vor den anrückenden französischen Revolutionstruppen fliehen. Ihr schönes Schloss wurde geplündert und verfiel. Die Stadthäuser blieben aber weitgehend erhalten und prägen trotz vieler unsensibler Eingriffe noch heute das Bild von Blieskastel (23 000 Einwohner). Der Ort ist auch Ausgangspunkt für vielfältige Ausflüge in den Bliesgau, eine der schönsten Landschaften des Saarlandes, die derzeit auf dem Weg ist, Biosphären-Region der UNESCO zu werden.

Sehenswert

Ortsbild: Den Mittelpunkt der Stadt bildet der früher wie heute belebte **Paradeplatz.** Rechter Hand wird er flankiert vom ehemaligen Waisen- und heutigen **Rathaus** mit dem Wappen derer von der Leyen an der Giebelseite, über dem die Justitia thront. Alle anderen

Barockjuwel Annahof am Niederwürzbacher Weiher

Häuser ringsum haben eine ähnliche Form und Größe. Nur in der sanft ansteigenden **Schlossstraße,** wo die Häuser der einstigen Hofbeamten stehen, ist größere Individualität angesagt: hervorstechend ein Palazzo mit toskanischen Säulen, ein eher klassizistisch strenges Kavaliershaus und am Ende der Straße ein kleines Schlösschen, flankiert von zwei großen Toreinfahrten. Gegenüber steht die **Schlosskirche** mit einer reich ornamentierten Fassade. Sie birgt das Grabmal der verdienstvollen Landesherrin und ihres Gemahls.

Gollenstein: Auf der Anhöhe über der Stadt erhebt sich auf einer Wiese ein einsamer, fast 7 m hoher schlanker Monolith. Was aussieht wie das Werk eines zeitgenössischen Bildhauers, ist in Wirklichkeit ein 4000 Jahre alter Menhir, vermutlich Teil einer heidnischen Totenkultstätte, mit Sicherheit eines der ältesten Kulturdenkmäler Deutschlands und »der größte Menhir des mitteleuropäischen Raumes«, wie das »Guinness-Buch der Rekorde« vermerkt.

Niederwürzbacher Weiher: Einst war dies die »Gartenlust« derer von der Leyen, mit einigen schönen Lustschlösschen, von denen leider nur noch karge Reste übrig sind. Gut erhalten und ein kleines architektonisches Juwel ist jedoch der **Annahof,** das einstige Wirtschaftsgebäude des Ensembles, heute ein stilvolles kleines Hotel-Restaurant mit schönem Biergarten am See (Tel. 068 42/960 20, Fax 96 02 50, www.annahof.de, Hotel ab 71 €, Hauptgericht 10–18 €).

Sport und Freizeit

Kanufahren: auf der Blies ab BLK-Breitfurt (Termine und Info bei Saarpfalz-Touristik, Homburg, s. S. 30).

Bliestal-Freizeitweg: kombinierter Wander-, Jogger-, Skater- und Radweg, vorwiegend auf der ehemaligen Trasse der Bliestalbahn von Homburg-Wörschweiler bis Gersheim-Reinheim.

Stadtführungen: ab 1. Sa im Feb. 14 Uhr ganzjährig alle 14 Tage.

Sommerakademie: Kunstkurse für jedermann in den ersten drei Wochen der Sommerferien (s. S. 30). Veranstalter: ARTefix – Freie Kunstschule Saarpfalz, Tel. 068 41/639 25, www.arte fix.de.

Feste und Unterhaltung

Altstadtfest: Ende Juni

Webenheimer Bauernfest: das größte Volksfest im Saarland, Ende Juli

Verkehrsamt Blieskastel: Zweibrückerstr. 1, 66440 Blieskastel, Tel. 068 42/926 13 14, www.blieskastel.de

Hotel zur Post: Kardinal-Wendel-Str. 19A, Tel. 068 42/921 60, Fax 921 62 16, ab 51 €, Schöne Zimmer in einem renovierten Haus in der Altstadt. Gemütliches Bistro mit guter Küche (8–15 €).

Hämmerle's Restaurant: Bliestalstr. 110a, Tel. 068 42/521 42, Sa Mittag, So, Mo Mittag geschl., Hauptgericht ab 15 €. Eines der besten Häuser der Region! Frische Landhausküche mit Bliesgau-Produkten im Restaurant »Landgenuss«, ambitionierte Menüs (ab 52 €) im neuen »Barrique«. Reservieren!.

Hubertushof: Kirschendell 32, BLK-Niederwürzbach, Tel. 068 42/65 44, Di Abend geschl., Hauptgericht ab 7,50 €.
Schön gelegenes Traditionsgasthaus mit Wildspezialitäten, Gartenterrasse. Hotel mit sechs Zimmern (60 €).

Café am See: Marxstr. 83, BLK-Niederwürzbach, Tel. 068 42/70 49, Mo geschl., 14–19 Uhr.
Hier gibt's den besten Kuchen weit und breit.

Restaurant Bellevue:
Am Hölschberg 50, BLK-Biesingen, Tel. 068 03/25 63, Di geschl., Hauptgericht 8–14,50 €.
Schön gelegene Ausflugsgaststätte mit weitem Blick in den Bliesgau. Gute, bürgerliche Küche. Großer Biergarten.

Highlight 2

Bostalsee (G 1/2)

Ein See wie gemalt in die sanften Hügel des Naturparks Saar-Hunsrück im nördlichen Saarland – als wäre er schon immer hier gewesen. Aber er wurde erst Mitte der 1970er Jahre künstlich angestaut. Seither ist er mit seinen 120 ha Wasserfläche der größte Freizeitsee Südwestdeutschlands und des (Nord-) Saarländers liebste »Badewanne«, Magnet für Wasserratten und Freizeitsportler, Kurzausflügler und Langzeiturlauber, aber auch für Wanderer, Radfahrer, Natur- und Kunstfreunde. Sie kommen direkt am See oder in der reizvollen Umgebung auf vielfältige Weise auf ihre Kosten: beim Auf-der-faulen-Haut-Liegen am Strand, als Freizeitmaler in der Bosener Mühle oder als eifrige Schatzsucher im nahen »Edelsteindorado« Freisen.

Der Bostalsee gehört zur Gemeinde Nohfelden. Außer den Ortsteilen Eckelhausen, Bosen und Gonnesweiler grenzt noch Neunkirchen a. d. Nahe an den See. Am Nordufer soll bis 2011 ein großer Ferien- und Freizeitpark von »Pierre et Vacances« mit 600 Wohneinheiten entstehen.

Sport und Freizeit

Strandbäder: Es gibt zwei Sandstrände mit ausgedehnten Liegewiesen: Der eine am Westufer bei Bosen (dort auch sechs Beachvolleyball-Felder), der andere am Ostufer bei Gonnesweiler, beide mit Kinderspielplätzen; Parkplätze in der Nähe. Erw. 1 €, Ki. 0,50 €.

Wassersport: Segelhafen bei Eckelhausen; Infos zu Segelkursen: Tel. 06 81/387 92 22. Am Bootssteg im Seehafen von Bosen kann man Tret-, Ruder- und Elektroboote mieten. Die Surf- und Tauchbasis (mit Übungsplattform und versunkenem Segelboot) befindet sich am Strandbad Gonnesweiler. Dort können auch Kurse gebucht werden (Tel. 068 52/901 00).

Personenschifffahrt: Mit dem Solar-Katamaran »St. Wendeler Land« kann man eine 50-minütige Rundfahrt auf dem See machen. Anlegestellen: Bootssteg (Bosen) und Staudamm (Gonnesweiler), März–Okt. tgl. 11, 12, 14, 15, 16, 17, So, Fei auch 18 Uhr, Gruppen auch n. V. Info-Tel. 01 74/321 55 53, www.sonnenboot.de.

(Rad-)Rundwanderweg: Einen schönen Eindruck vom See bekommt man zu Fuß oder per Rad (eigene Trasse) auch auf dem 7 km langen Rundweg um den Stausee. Er führt u. a. durch ruhige Schilfgebiete, angrenzende Wälder und kleine Biotope.

Kunstzentrum Bosener Mühle:
Tel. 068 52/74 74,
www.bosener-muehle.de,
Mi, Fr 14–18, Sa, So, Fei 11–18 Uhr (nur während Ausstellungen).
Die wunderschön gelegene ehemalige Mühle mit Blick auf den See ist Ort für Kunstausstellungen, Musik- und Literaturveranstaltungen, Seminare und Workshops. Sehr beliebt sind die Kunstkurse von Profi-Künstlern für jedermann (März–Sept.).

Der Bostalsee ist der größte Freizeitsee Südwestdeutschlands

Feste und Unterhaltung

Internationales Heißluft-Ballonfahrer-Treffen: von Christi Himmelfahrt bis zum folgenden Wochenende
Kinder- und Familienfest: Ende Mai
Bootsprozession auf dem See: Fronleichnam
Open-Air-Konzerte: Mai–Aug.
Seefest: Ende Juli

Tourist-Information Sankt Wendeler Land: Am Seehafen, 66625 Nohfelden-Bosen, Tel. 068 52/901 10, www.bostalsee.de

Merker's Bostal Hotel und Restaurant: Bostalstr. 46, Nohfelden-Bosen, Tel. 068 52/902 40, www.merkers-hotel.de, DZ ab 66 €. Familiäre Atmosphäre, gutes Restaurant (Hauptgericht ab 10 €).
Seehotel und Restaurant Weingärtner: Bostalstr. 12, Nohfelden-Bosen, Tel. 068 52/88 90, www.seehotel-weingaertner.de, DZ ab 92 €. Schönes Haus mit Seeblick, Wellness-

Skulpturenstraße

Zwischen dem Peterberg bei Nonnweiler über den Bostalsee hinweg bis nach St. Wendel ist der Saarland-Rundwanderweg eine große Open-Air-Galerie: 53 von Bildhauern aus aller Welt geschaffene Skulpturen säumen den Weg. Den Auftakt für das ungewöhnliche Projekt bildete ein Symposion im Jahr 1971 auf den Höhen über St. Wendel (mit 17 Steinen). Initiator Leo Kornbrust aus St. Wendel möchte aus der jetzigen Skulpturenstraße nach und nach eine Europäische Skulpturenstraße machen, die von Paris bis Moskau reicht – im Geiste des jüdischen Bildhauers Otto Freundlich, der in den 1940er Jahren die Idee dazu hatte. Er wurde 1943 im KZ ermordet.

und Beauty-Abteilung. Restaurant mit gehobener Küche, kein Ruhetag, Hauptgericht ab 14 €.

Hotel-Restaurant Landhaus Mörsdorf: Nahestr. 41, Neunkirchen a. d. Nahe, Tel. 068 52/901 20, Fax 90 12 90, www.hotel-landhaus-moersdorf.de, DZ ab 69 €. Komfortable Zimmer, ausgezeichnete Küche, große Salatkarte, Spezialitäten-Wochen, Hauptgericht ab 8 €.

Camping Bostalsee: Nohfelden-Bosen, Tel. 068 52/923 33, campingplatz@bostalsee.de. 100 m vom See entfernt ist Platz für 445 Zelte und Caravans.

Bosaarium am Bostalsee: Bosen, Tel. 068 52/80 84 13, im Sommer kein Ruhetag, Hauptgericht ab 5 €. Aus dem ehemaligen Hallenbad ist ein riesiger Biergarten mit überdachter Event-Halle geworden: 3500 Sitzplätze auf 3000 m².

Haus Seerose: Staudammstr. 5, Nohfelden-Gonnesweiler, Tel. 068 52/99 13 66, im Winter Di geschl., Hauptgericht ab 7 €. Saisonale frische Küche.

Ziele in der Umgebung

Burg Nohfelden (H 1): An der Burg, Mai–Sept. 8–20 Uhr, Okt.–April 8–17 Uhr.
Mitten im Ort ragt der restaurierte Bergfried der Burgruine aus dem 13. Jh. in den Himmel. Von der Aussichtsplattform hat man einen schönen Rundblick ins Tal der Nahe und in den Schwarzwälder Hochwald. Beim »Burgsommer« von Juni bis Aug. herrscht an den Wochenenden buntes Treiben mit Folk, Pop, Rock und mittelalterlichen Spektakeln.

Nahequelle: Am Ortsrand von Nohfelden-Selbach (G 2) entspringt in einem lauschigen Wäldchen mit kleinem Wildfreigehege die Nahe. Von ihrer schön gefassten Quelle aus macht sie sich hier auf den 100 km langen, weinseligen Weg nach Bingen zum Rhein.

Freisen (J 2)

Vulkane sorgen in dieser Gemeinde (8500 Einwohner) im Nordosten des Landkreises St. Wendel für Furore – nicht wegen etwaiger Ausbrüche, sondern wegen des uralten Gesteins. Jahrhundertelang wurde es abgebaut und Achat, Jaspis, Amethyst, Topas und Aquamarin kamen zutage – Steine, aus denen Edelsteinschleifer wunderbare Schmuckstücke schufen. Die kommerzielle Verwertung der Gesteinsvorkommen ist längst eingestellt. Jetzt versuchen Heerscharen von Freizeitschürfern ihr Glück. Die spektakulärsten Funde gab es früher im Steinernen Meer am Weißelberg, heute ein Naturschutzgebiet mit herrlichen Wanderwegen durch eine bizarre Vulkanlandschaft.

Sehenswert

Edelsteindorado: Zufahrt über Landstraße Freisen-Reitscheid/ St. Wendel (ausgeschildert), Tel./Fax 068 55/18 49 31 o. 01 77/202 02 98, www.edelstein dorado.de, ab Beginn der Osterferien bis Ende Herbstferien tgl. 10–18 Uhr, Erw. 5 €, Ki. 2 € pro Std.
Auf einem Privatareal von 25 ha Größe dürfen Hobby-Mineralogen nach Herzenslust im Vulkangestein nach Edelsteinen suchen – und ihre Funde natürlich behalten. Auch für Kinder ein großes Vergnügen! Werkzeug kann mitgebracht oder geliehen werden, Schneid- und Schleifmaschinen zum Weiterverarbeiten sind vorhanden. Außerhalb der Ferienzeiten und werktags empfiehlt sich telefonische Anmeldung, damit jemand an der Schürfstelle ist.

Mineralogisches Museum: Alte Schule, Hauptstr. 26, Freisen-Oberkirchen, Tel. 068 55/99 00 40, jeden 1. So im Monat 13–18 Uhr u. n. V.
1500 Exponate, 90 verschiedene Edelsteinarten – hier wird gezeigt, welche tollen Stücke Sammler über die Jahrzehnte vor allem am Weißelberg gefunden und geschliffen haben.

Naturwildpark Hermbachtal: Freisen, Tel. 068 55/63 65 o. 99 64 63, www.natur-wildpark.de, tgl. ab 10 Uhr bis Einbruch der Dunkelheit.
In einem wunderschönen Tal bei Freisen (Weg ab Ortsmitte ausgeschildert) leben in großen Freigehegen oder frei laufend mehrere hundert Hirsche, Rehe, Ziegen, Steinböcke, Hängebauchschweine, Mufflons und Waschbären. Auf einem knapp 2 km langen Rundweg kann man mit ihnen auf Tuchfühlung gehen und sie füttern. Eine große Attraktion ist auch die Greifvogelschau mit Adlern, Geiern, Falken, Bussarden und Eulen (Ostern–Okt. tgl. 11 u. 15 Uhr, sonst nur Sa, So, Fei). Wer es übers Herz bringt, kann sich am Schluss in der Gaststätte noch ein Wildgericht schmecken lassen (7–10 €).

Tourist-Info Gemeinde Freisen: Schulstr. 60, 66629 Freisen, Tel. 068 55/97-0, www.freisen.de

Ziele in der Umgebung

Burg Lichtenberg: Bei Kusel (K 2) liegt eine der größten Burganlagen Deutschlands. Sie wurde um 1200 errichtet als Residenz der Grafen von Veldenz und später der Herzöge von Pfalz-Zweibrücken. Von der weitläufigen Anlage hat man einen herrlichen Blick ins Pfälzer Bergland. Im Juni/Juli beleben zahlreiche Open-Air-Konzerte – von Klassik bis Pop – die alten Mauern. Innen erzählt das äußerst interessante **Musikantenland-Museum** in Wort, Bild und Ton von den zahlreichen Westpfälzern, die sich im 19. und Anfang des 20. Jh. aus wirtschaftlicher Not als Musiker in aller Welt verdingten (Burg ganzjährig geöffnet, Führungen April–Okt. So 15 Uhr, Museum tgl. 10–17 Uhr, Tel. 063 81/84 29).

Gersheim (J 7/8)

Die Gemeinde mit ihren neun Ortsteilen (7100 Einwohner) liegt in der schönsten Ecke des Bliesgaus an der französischen Grenze. Hier bilden Natur und Kultur eine ganz besondere Mischung.

Sehenswert

Orchideengebiet: Führungen ab Lachenhof, Tel. 068 43/801 44, Mai–Juli, Termine tel. erfragen.
In einem weitläufigen Naturschutzgebiet bei Gersheim gedeihen rund 30 Arten dieser schönen »Kultpflanze«. Man kann jedoch nicht auf eigene Faust losgehen, sondern muss sich einer fachkundigen Führung anschließen.

Highlight 3

Europäischer Kulturpark Bliesbruck-Reinheim (H 8): Robert-Schuman-Str. 2,Tel. 068 43/ 90 02 11, www.kulturpark-online.de, März–Okt. tgl. 10–18 Uhr (franz. Anschrift: 1, rue Robert Schuman, F-57200 Bliesbruck, Tel. 00 33/387 02 25 79, s. a. Tour 3, S. 112f.).
In dem grenzüberschreitenden Archäologiepark sind das nachgebaute Hügelgrab einer keltischen Fürstin und Ausgrabungen einer gallo-römischen Stadt mit der rekonstruierten Thermenanlage einer Badeanstalt zu bewundern. Im Frühjahr und Sommer locken viele Sonderveranstaltungen, z. B. das große Römerfest »Vita Romana« im August und das Keltenfest im September. Dazu im neuen Pavillon jeweils eine große populäre Ausstellung zum Thema Archäologie. sowie Grabungsprogramme, auch für Kinder. Von Mai bis Nov. werden musikalische und literarische »Begegnungen auf der Grenze« veranstaltet.

Museum für dörfliche Alltagskultur: Erfweilerstr. 3, Gersheim-Rubenheim, Tel. 068 43/910 81, jeden 3. So im Monat 14–18 Uhr, für Gruppen n. V.
In seinem alten Bauernhaus hat Gunter Altenkirch akribisch über Jahrzehnte Typisches aus dem bäuerlichen Alltag zwischen Blies und Saar zusammengetragen und weiß zu jedem Stück eine interessante Geschichte zu erzählen.

Gemeinde Gersheim: Bliesstr. 19a, 66453 Gersheim, Tel. 068 43/801-0, www.gersheim.de

Restaurant Quirin: Bliesstr. 5, 66453 Gersheim, Tel. 06843/315,
Sa Mittag u. Mo geschl.,
Hauptgericht ab 8,50 €
Ein unspektakuläres Haus mit kreativem »Innenleben«: feinste Landhausküche zu fairen Preisen.

Hotel-Restaurant-Bliesbrück: Rubenheimer Straße, 66453 Gersheim-Herbitzheim, Tel. 068 43/80 00, www.bliesbruck.de,
tgl. ab 16, So ab 11 Uhr, 68 €.
Direkt am Bliestal-Freizeitweg. Gutbürgerliche Küche ab 8 €, Fahrradverleih.

Großrosseln (E 7)

Die Warndt-Gemeinde (9000 Einwohner) südlich von Völklingen ist umgeben von dichten Wäldern. Am schönsten liegt die ehemalige Glasmacher-Siedlung **Karlsbrunn** mit dem barocken Jagdschlösschen des Fürsten Ludwig von Nassau-Saarbrücken (heute Sitz der Forstverwaltung). Aus dem ehemaligen Forstgarten ist ein »Garten ohne Grenzen« geworden. In der Nachbarschaft lockt ein Freiwildgehege, und endlose Wälder laden zum Wandern ein, z. B. rund um den idyllischen Weiher von **St. Nikolaus.** Der kleine Ort ist im Dezember Ziel und Postadresse für Kinder aus nah und fern, die hier den Wohnsitz des Heiligen vermuten.

Das Saarland unter Tage

Im **Erlebnisbergwerk Velsen** in Großrosseln mutiert jeder Besucher zum Bergmann auf Zeit: Er wird in eine Original-Bergmannskluft gesteckt und in einen Originalstollen gefahren, wo er moderne Abbaumethoden mit Kohlegewinnungsmaschinen, Förderbändern und Transportbahnen vorgeführt bekommt und sie auch selber ausprobieren kann. Hinterher gibt's das traditionelle Bergmannsfrühstück (»Halbschicht«) mit »Lyoner un Weck« (Tel. 06 81/405 19 70, nur für Gruppen nach tel. Vereinbarung). Im **Saarländischen Bergbaumuseum** in Bexbach wird im Aussichtsturm des Blumengartens die Geschichte des Bergbaus hierzulande dokumentiert. Außerdem gibt es ein rekonstruiertes Schaubergwerk, das auch für Einzelbesucher zugänglich ist. Angemeldete Gruppen können ebenfalls in Originalausrüstung mit Helm und Grubenlampe erste Abbauversuche mit dem Bohrhammer machen und sich nach der »Schicht« wahlweise vom »Kaffeblech« stärken oder auch ein Bergmannsfrühstück einnehmen (Im Blumengarten, Tel. 068 26/48 87, www.bexbach.de, März–Sept. Mo–Fr 9–17, Sa, So, Fei 10–18, Okt.–Feb. Mo–Fr 9–16, Sa, So, Fei 13–17 Uhr. Auch im **Besucherbergwerk Rischbachstollen** in St. Ingbert kann man unter Anleitung ehemaliger Bergleute in einem Originalstollen selber Hand anlegen (Am Grubenstollen 13, Tel. 068 94/169 04 90, für Gruppen n. V., Termine für Einzelbesucher: Feb., April, Juni, Aug., Okt. 10.30–15 Uhr jeweils letzter Sa in Monat). Hoch hinaus geht es hingegen am **»Zukunftsort« Bergwerk Göttelborn,** wo man den höchsten Förderturm Europas besteigen kann und im Sommer in alten Produktionshallen zuweilen ungewöhnliche Konzerte und Kunstaktionen geboten bekommt (Zum Schacht 3, Quierschied-Göttelborn, Informationen und Führungen: Tel. 068 25/942 77 41, www.iks-saar.de und www.delfslotta.de).

Sehenswert

Direkt hinter der Grenze lohnt ein Besuch des **Musée La Mine Carreau Wendel.** Das riesige Gelände der ehemaligen Kohlegrube ist heute ein Industriemuseum, das man mit einem Bähnchen durchfahren kann. Auch ein Originalschacht unter Tage darf besichtigt werden (F-57540 Petite Rosselle, Tel. 00 33/387 87 08 54, www.la-mine.fr, Di–So 10–18 Uhr).

Gemeinde Großrosseln: Klosterplatz 2–3, 66352 Großrosseln, Tel. 068 98/44 90, www.grossrosseln.de

Warndthotel und Restaurant Waibel: Lauterbacher Str. 2, Großrosseln-Karlsbrunn, Tel. 068 09/994 00, www.warndthotel.de, Mo geschl. Saarländisch-französische Küche, Spezialität: Wild, Hauptgericht ab 10 €. Gemütliche Zimmer ab 70 €.

Café-Restaurant Blockhaus: Mühlenweg 3, Großrosseln-St. Nikolaus, Tel. 068 09/18 07 28, Mo–Fr ab 15 Uhr, Sa, So ab 10 Uhr, Hauptgericht ab 7 €. Rustikales Ausflugslokal am idyllischen St.-Nikolaus-Weiher (mit schöner Terrasse), deftige und feine Speisen, Kaffee und Kuchen.

Homburg (K 5)

Ähnlich wie im nahen Blieskastel thronte über der heutigen Kreisstadt (44 000 Einwohner) des Saarpfalz-Kreises einst eine mittelalterliche Burg, die Namen gebende Hohenburg. Sie existiert nur noch als Ruine und schöner Aussichtspunkt über der Stadt – zusammen mit den Resten einer Festung, die Ludwig XIV. im 17. Jh. von seinem Baumeister Vauban errichten ließ.

Im 18. Jh. war Homburg eine kurze, aber grandiose spätbarocke Phase vergönnt. Herzog Karl II. August von Pfalz-Zweibrücken ließ nämlich 1776–86 eines der größten Schlösser Europas auf dem nahen Karlsberg bauen, größer und prächtiger als Sanssouci und Versailles! Leider kannten die französischen Revolutionstruppen auch hier kein Pardon und machten das Bauwerk schon 1793 dem Erdboden gleich, so dass es heute nur noch als Gemälde und – jüngst vom Computer reanimiert – im Internet virtuell weiterexistiert (www.schloss-karlsberg.de). Die Homburger trösten sich mit der Gewissheit, heute die Bierhauptstadt des Landes (Sitz der Karlsberg-Brauerei) zu sein, eine renommierte medizinische Fakultät zu besitzen und auf zahlreiche Zeugnisse römischer Geschichte und vorzügliche Restaurants in ihrem Umkreis verweisen zu können.

Sehenswert

Schlossberg-Höhlen:
Schlossberg-Höhenstraße,
Tel. 068 41/20 64, www.homburg.de,
April–Okt. tgl. 9–17 Uhr, Nov.–März
10–16 Uhr, Dez./Jan. geschl.,
Im Fels unter der Burgruine verbirgt sich, schaurig schön ausgeleuchtet, ein abenteuerliches Höhlenlabyrinth, Europas größte Buntsandsteinhöhle. Absolut sehenswert!

Römisches Freilichtmuseum:
(s. a. Tour 3, S. 112f.) Homburger Str. 38, HOM-Schwarzenacker,

Im Edelhaus des Römischen Freilichtmuseums sind Statuen und Münzen zu sehen

www.roemermuseum-homburg.de, März–Okt. Di–So 9–17 Uhr, Nov.–Feb. Sa, So, Fei 10–16.30 Uhr. An der Stelle des Museums befand sich einst eine römische Etappenstadt von der Größe und Bedeutung des damaligen Wormatia (Worms am Rhein). Im Außenbereich des Museums sind einige Gebäude der Stadt rekonstruiert worden, z. B. eine Taverne und das Haus eines Augenarztes. Wertvolle Grabungsfunde wie Statuen und Münzen sind im barocken Edelhaus am Museumseingang ausgestellt. Darin vermitteln einige gerettete Originalgemälde auch eine Ahnung von Glanz und Gloria des untergegangenen Schlosses Karlsberg. Vom Museum aus lohnt ein Abstecher zur nahen, geheimnisumwitterten Ruine des ehemaligen **Zisterzienserklosters Wörschweiler** (12. Jh).

Waldpark Schloss Karlsberg: Zugang am Parkplatz »Karlsberger Hof« in HOM-Sanddorf. Wo einst das riesige Schloss stand, ragen heute nur noch ein paar Ruinen und Reste der großen Parkanlage über dem Waldboden auf. Dennoch lohnt sich ein Spaziergang in der »Karlslust«, dem verwunschenen Märchenwald des Herzogs Karl August, durch den auch der neue Premiumwanderweg »Schlossberg-Tour« verläuft.

Jägersburger Weiher: HOM-Jägersburg. Im waldreichen Homburger Stadtteil wartet ein Naherholungsgebiet mit mehreren Weihern rings um das **Jagdschloss Gustavsburg** auf (mit kleinem Heimatmuseum zur Geschichte der Herzöge von Pfalz-Zweibrücken, Mai–Sept. So 14–17 Uhr).

Sport und Freizeit

Floh- und Antiquitätenmarkt: der größte in Südwestdeutschland, jeden 1. Sa im Monat (außer Dez.)

Kreisstadt Homburg: Am Forum 5, 66424 Homburg, Tel. 068 41/10 11 66, www.homburg.de

Schlossberg-Hotel: Schlossberg-Höhenstr. 1, Tel. 068 41/66 60, Fax 620 18, www.schlossberghotelhomburg.de, 125–155 €.
Schön gelegenes, komfortables Haus unterhalb der Ruine Hohenburg mit weitem Blick ins Land.

Landhaus Rabenhorst: Am Rabenhorst 1, Tel. 068 41/933 00, www.hotel-rabenhorst.de kein Ruhetag, Hauptgericht 8,50–26,50 €.
Hier wird gekocht, wie der Saarländer es mag: gut (also frisch und qualitätvoll) »un gudd« (also reichlich); und das gleich in drei »Abteilungen«: Bliesgaustube, Landhausstube und Toscana. Besonders zu empfehlen: die Trilogie von Suppen. Auch komfortable Hotelzimmer (109 €).

Petit Château: Alte Reichsstr. 4, HOM-Schwarzenbach, Tel. 068 41/ 152 11, www.petit-chateau.de, Sa Mittag, So geschl., Hauptgerichte ab 25 €, Menü ab 48 €.
Viel gepriesenes Feinschmecker-Restaurant mit französisch-mediterraner Note, Wintergarten, Terrasse. Gästehaus mit schönen Zimmern (85–130 €). Ein Schlemmer-Wochenende mit 1 Ü/F und 6-Gänge-Menü kostet 210 € für zwei Personen im DZ.

Am Marktplatz in der Stadtmitte laden zwei originelle Tages-Cafés zum Verweilen: das **Stehcafé Chili** (Saarbrücker Straße 2–4), in dem man wunderbare Kaffeesorten aus aller Welt ver-

kosten kann. Und direkt gegenüber das charmante **Stadtcafé** (Marktplatz 8) inmitten der Stadtbibliothek, das im Sommer auch draußen auf dem Platz serviert.
Frischen Fisch gibt's bei »Fisch und Feinkost Flatter« (Untergasse 4) – jeweils zwischen 10 und 18 Uhr.

Kirkel (J 6)

Schon von weitem und aus allen Himmelsrichtungen sieht man ihn wegweisend aus der Landschaft aufragen: den schlanken Turm der Burgruine Kirkel südwestlich von Homburg im Saarpfalz-Kreis. Der größte Teil der Gemeinde Kirkel (10 000 Einwohner) liegt als lang gezogenes Straßendorf zu Füßen der Burg. Schön ist der Ortsteil Limbach mit restaurierten Bauernhäusern und einer kleinen evangelischen Barockkirche, erfrischend ein sommerliches Bad im Mühlenweiher, dem größten Naturfreibad des Saarlandes. Und die Restaurants des Ortes sind vom Allerfeinsten!

Sehenswert

Burgruine: Schlossbergstraße, ganzjährig geöffnet.
Die im 11. Jh. errichtete Burg war Reichsfeste und Ritterburg und diente der Überwachung der Heerstraße von Metz nach Mainz. Auch heute noch hat man von den restaurierten Mauern und dem Burgturm aus einen weiten Blick ins Land. Eine Ahnung vom mittelalterlichen Treiben vermittelt der alljährliche »Kirkeler Burgsommer« (s. u.).

Sport und Freizeit

Freizeitzentrum Mühlenweiher: Tel. 068 49/63 44
Kirkeler Felsenpfad: Am Fuße der Burg beginnt ein 6 km langer, ausgeschilderter Rundweg durch eine wildromantische Sandsteinfelsen-Landschaft (kombiniert mit geologischem Lehrpfad). Auch für Kinder sehr interessant. Alternativ dazu kann man die 9 km lange **»Kirkeler Tafeltour«** machen (ab Parkplatz Kohlroter Weg). Sie endet in einem der empfehlenswerten Restaurants des Ortes.
Felsenklettern: Unter fachlicher Anleitung kann man in manchen der Sandsteinfelsen auch klettern lernen. Auskunft und Buchung beim Kultur- und Verkehrsamt.

Feste und Unterhaltung

Kirkeler Burgsommer: Mai–Sept. Große und kleine Besucher (auch Schulklassen) können für eine Woche im Burg-Camp leben und arbeiten wie die alten Rittersleut: selber schmieden, schnitzen, Brot backen und kochen. Außerdem gibt es Ritterturniere, Musik und Tanz – und an den Wochenenden findet immer ein großes Burg-Erlebnis-Spektakel für jedermann statt (genaue Termine der einzelnen Veranstaltungen beim Kultur- und Verkehrsamt erfragen: www.kirkel.de).

Kultur- und Verkehrsamt Kirkel: Hauptstr. 10, 66459 Kirkel, Tel. 068 41/80 98-0, www.kirkel.de

Ressmann's Résidence: Kaiserstr. 87, Kirkel-Neuhäusel, Tel. 068 49/900 00, www.ressmanns-residence.de, Sa Mittag, So Abend, Di geschl., Hauptgericht ab 19 €.
Komfortable Hotelzimmer ab 85 € und fantasievolle Spitzengastronomie zu angemessenen Preisen, elegantes Ambiente, gut sortierter Weinkeller. Schöne Terrasse.

Rützelerie Geiss: Blieskasteler Str. 25, Kirkel-Neuhäusel, Tel. 068 49/13 81, www.ruetzelerie geiss.de, So, Mo geschl., Hauptgerichte ab 20 €, Menü ab 29 €.
Feinschmeckerrestaurant in einem der ältesten Häuser von Kirkel, delikate französische Küche mit regionalen und asiatischen Einflüssen. Schöne Sommerterrasse (mit Extra-Karte ab 10 €).
Die Scheune: Zweibrücker Str. 53, Kirkel-Limbach, Tel. 068 41/895 53, kein Ruhetag. Hauptgericht 9–15 €. Grillspezialitäten in uriger Scheunenatmosphäre. Schöner Innenhof.

Losheim am See (D 2/3)

In der Gemeinde Losheim im Landkreis Merzig-Wadern (16 700 Einwohner) dreht sich alles um den zweitgrößten Freizeitsee (31 ha) des Landes. Baden, Segeln, Paddeln, Sonnenbaden, Surfen im Freizeitzentrum Stausee, mit der Museums-Dampfeisenbahn gemächlich durch die Wiesen und Wälder tuckern, am See oder im Kulturzentrum Eisenbahnhalle Pop- oder Klassikklängen lauschen, auf dem See-Rundweg oder den zahlreichen Premium- und Erlebnis-Wanderwegen die Natur entdecken und zwischendurch die vielfältige Gastronomie genießen – rund um den See ist fast das ganze Jahr über etwas los.

Sport und Freizeit

Strandbad: Der See ist EU-Badegewässer, die Wasserqualität also gut, Baden überall gestattet, unter Aufsicht aber nur im Strandbad. Dort findet man ausgedehnte Liegewiesen (Schatten und Sonne), viel Platz zum Schwimmen, eine Riesenwasserrutsche und eine Sprungplattform, zwei Beachvolleyball-Felder. Erw. 2,50 €, Ki. 1 €.
Wassersport: Bootsverleih mit Tretbooten und Aquabikes. Tauchstation, Ruder-, Surf- und Segelbasis im Yachthafen. Kurse können bei den Vereinen

Zwischen Ostern und Advent macht die Museumsbahn Dampf

gebucht werden (Tourist-Info in Losheim am See, s. S. 48).

Wandern: Sie haben hier die Wahl zwischen sage und schreibe acht spannenden Premium-Wanderwegen, können z. B. auf dem »Felsenweg« kraxeln, auf dem »Bergener« vor sich hin träumen, sich auf dem »Schluchtenpfad« durch Lianenwälder hangeln. Und bald auch in den »Vier Jahreszeiten« herumstreifen, einem neuen Exemplar der »Gärten ohne Grenzen« am Seeufer, das den englischen Landschaftsgärten nachempfunden ist.

Feste und Unterhaltung

Husky-Camp mit Ausfahrten im Hundeschlitten: Mitte März

Klassik-Open-Air mit der Deutschen Radio-Philharmonie auf der Seebühne des Strandbades: Mitte Juli

Rock-Open-Air auf der Seebühne: Ende Aug.

Museumseisenbahn und Eisenbahnmuseum: Bahnhofstraße, Info-Tel. 068 72/901 81 00, Ostern–Mitte Okt. Di, Do, So 11–17 Uhr.

Die Museums-Dampfeisenbahn fährt an 16 jährlich neu festgelegten Terminen zwischen Ostern und Anfang Dezember (Nikolausfahrt) von Losheim nach Merzig und zurück – auf der Strecke, auf der früher die Arbeiter aus dem Hochwald zur Keramikfabrik Villeroy und Boch und anderen Industriebetrieben an der Saar transportiert wurden. Im Museum kann man in Ruhe die alten Loks aus den 1940er Jahren sowie Salon- und Güterwaggons aus den Jahren 1897 bis 1950 inspizieren. Außerdem dokumentiert eine kleine Ausstellung die Geschichte der einstigen »Merzig-Büschfelder Eisenbahn«. Die angrenzende große Eisenbahnhalle ist Bühne für Musik-, Theater- und Kabarett-Veranstaltungen.

Tourist-Info Losheim am See: Zum Stausee 198, Tel. 068 72/61 69 o. 16 16, www.losheim.de

Seehotel Losheim: Zum Stausee 202, Tel. 068 72/600 80, www.seehotel-losheim.de, ab 82 €.
Schöne Zimmer mit herrlichem Seeblick. Restaurant und Bauernstube. Hauptgericht ab 8 €.

Öko-Dorf: Info-Tel. 068 72/16 16, DZ 17 €, Haus für 8 Pers. 60 €.
Neun gemütliche Holzhäuser am See für Selbstversorger und Gruppen.

Camping: Tel. 068 72/47 70, ganzjährig geöffnet, Zelt 3 €, Caravan 16 €.
Großer, schön gelegener Platz am See, 300 Zelt-, 420 Caravan-Stellplätze, sechs Sanitärgebäude, Camping-Klause, Spielplatz, Grillhütte.

Maison au Lac: Zum Stausee, Tel. 068 72/99 34 34, kein Ruhetag, Hauptgericht ab 11 €.
Rustikale und gehobene Küche mit französischer Note, Fisch- und Wildgerichte, Terrasse am See.

Schumachers Wirtschaft Scheune: Bahnhofstr. 1a, Tel. 068 72/50 56 66, Di geschl., www.schumachers-scheune.de, Hauptgericht ab 8,40 €.
Gehobene ländliche und mediterrane Küche in schön eingerichteter historischer Scheune.

Hochwälder Brauhaus: Zum Stausee, Tel. 068 72/50 57 72, kein Ruhetag, www.hochwaelder-brauhaus.de, Hauptgericht ab 8 €.
Brauereigaststätte mit eigenen Biersorten und deftiger Küche, große Terrasse mit Seeblick.

Restaurant-Pension Jagdhaus Leineweber: Hohe Tannen 20, Losheim-Scheiden, Tel. 068 72/62 86, Fax 90 18 97, kein Ruhetag, jagdhaus-pension-leineweber@web.de, Hauptgericht ab 8 €.
Ein Bilderbuch-Jagdhaus am Waldrand. Gute regionale Küche, u. a. Wildspezialitäten. Schöner Garten mit Terrasse. Einfache Pensionszimmer ab 56 €.

Hotel-Restaurant Zum Jungenwald: Von-Boch-Str. 24, Losheim-Britten, Tel. 068 72/22 61, Fax 886 91, Hauptgericht ab 11 €.
Gehobene gutbürgerliche Küche, Wildspezialitäten. Zimmer ab 54 €.

Mandelbachtal (H 7/8)

Natur pur bieten die acht Ortsteile der in direkter Nachbarschaft zu Frankreich gelegenen Bliesgau-Gemeinde (11 700 Einw.). Weit reicht der Blick über die sanft gewellte Landschaft mit ausgedehnten Streuobstwiesen, Viehweiden und Pferdekoppeln. In **Bliesmengen-Bolchen** beeindruckt eine schöne Dorfstraße, in der sich Arbeiterbauernhäuser des 19. Jh. zwischen stattliche ältere Anwesen zwängen. Interessant ist das Haus der Dorfgeschichte (s. u.). Vom Grenzort **Habkirchen** führt die »Europäische Freundschaftsbrücke« über die Blies direkt ins französische Nachbardorf Frauenberg mit einer malerischen Burgruine. Beim Brückenfest Ende Juli feiern die Nachbarn gemeinsam auf beiden Seiten der Grenze.

Der Ortsteil **Gräfinthal** in einer der schönsten Ecken des Bliesgaus besteht nur aus ein paar Häusern, den Resten und Folgebauten eines Wilhelmitenklosters aus dem 13. Jh. Geblieben sind eine kleine Kapelle (1809) im Chorraum der ehemaligen Klosterkirche und ein Taubenhaus (1766). Sie bilden dennoch ein stimmungsvolles Ensemble – zusammen mit dem alten Brauhaus und der Schmiede, die heute Gasthäuser sind (s. u.). In der Nähe liegt die originelle Naturbühne Gräfinthal. Hier bringt ein örtlicher Theaterverein im Sommer Schwänke und Kinderstücke zur Aufführung (Infos: Gemeinde Mandelbachtal, s. u.).

Gemeinde Mandelbachtal: Theo-Carlen-Platz 2, 66399 Mandelbachtal, Tel. 068 93/80 90, www.mandelbachtal.de

Gräfinthaler Hof: Gräfinthal 6, Tel. 068 04/911 00, Mo geschl., 1.11.–31.3. auch Di, Hauptgericht 10–22,50 €.
Ausgezeichnete, gutbürgerliche und gehobene Küche, wunderbarer Biergarten unter alten Bäumen.

Museum live!

Das Saarland, wie es leibt und lebt: Eine alte Bauernküche, ein Schlafzimmer, eine Schumacherwerkstatt und, besonders originell, ein alter Friseursalon in einer ehemaligen Scheune werden einmal im Monat zum Leben erweckt, wenn die Leute vom Geschichtsverein hier (bei Kaffee und Kuchen) schmieden, drechseln, Körbe flechten, Seife sieden oder Schlachtfest feiern. Jedermann ist herzlich willkommen!
Haus der Dorfgeschichte: Bliesmengen-Bolchen, Bliestalstr. 67, Tel. 068 04/65 78, jeden 3. So im Monat 14–18 Uhr u. n. V.

Merzig (C 3/4)

Die Kreisstadt (Landkreis Merzig-Wadern) an der Unteren Saar (31 000 Einwohner) wartet zwar nicht mit einem großartigen Stadtbild auf, hat aber dennoch einiges zu bieten: im Zentrum und in der näheren Umgebung schöne Beispiele ländlichen Barocks, viel faszinierende Natur, z. B. im »Garten der Sinne«, einen in Europa einmaligen Wolfspark, eine Heilquelle an der Saar, schöne kleine Museen, eine große Zeltstadt voller Kultur und Unterhaltung und ein Bildhauersymposion auf der Grenze. Außerdem ist Merzig das Zentrum der saarländischen »Apfelkiste«, wo das Obst zu Saft und Viez (Apfelwein) verarbeitet und auf dem Viezfest und an der Viezstraße verkostet und gefeiert wird.

Sehenswert

Barockbauten: Was Baumeister Stengel für Saarbrücken, war der Sachse Christian Kretzschmar, Hausarchitekt der nahen Abtei Mettlach, für Merzig und die Untere Saar. Das **Alte Rathaus** (Stadthaus), prägnantestes Gebäude der Innenstadt, stammt allerdings schon aus der Spätrenaissance, nur die barocke Freitreppe und die Fenster werden Kretzschmar zugeschrieben. Das **Staadt-Marxsche Bürgerhaus** in unmittelbarer Nachbarschaft ist aber sein Werk wie auch sein eigenes, bescheideneres **Wohnhaus** in der Trierer Straße. In der näheren Umgebung von Merzig tragen das **Hilbringer Schlösschen** und die **Harlinger Kapelle** seine markante Handschrift.

Gustav-Regler-Platz: Am Seffersbach in der Ortsmitte standen einst 20 Mühlen, heute zieht eine von Paul Schneider geschaffene Steinskulptur in Schiffsform die Aufmerksamkeit auf sich. Sie ist dem 1898 in Merzig geborenen Schriftsteller Gustav Regler gewidmet, einer überaus schillernden Persönlichkeit. Regler kämpfte u. a. im Spanischen Bürgerkrieg gegen die Faschisten und im Saar-Abstimmungskampf 1935 gegen den Anschluss an Deutschland. Der engagierte und umtriebige Weltbürger pendelte Zeit seines Lebens zwischen seiner Heimat, dem »kleinen Niemandsland« an der Saar, Paris, Moskau, Mexiko und schließlich Indien, wo er 1963 starb. All dies ist auf das Spannendste nachzulesen in seiner Autobiografie »Das Ohr des Malchus«.

Propsteikirche St. Peter:
Propsteistraße.
Der einzige erhaltene romanische Sakralbau des Saarlandes (frühes 13. Jh.) wurde im 18. Jh. stark verändert. Der barock ausgestaltete Chorraum birgt ein Kruzifix aus dem 14. Jh. Interessant sind auch die Wandmalereien des heimischen Künstlers Heinrich Klein im Stil der Nazarener.

Museum Schloss Fellenberg:
Torstr. 45 a, www.museum-schloss-fellenberg.de, Di–So 14–18 Uhr.
Das repräsentative Haus aus dem 19. Jh. widmet sich der Regionalgeschichte. Außerdem finden interessante Kunstausstellungen sowie literarische und musikalische Salons statt.

Feinmechanisches Museum Fellenbergmühle: Marienstr. 34, Tel. 068 61/768 13, tgl. 14–18 Uhr.
Vollständig erhaltene feinmechanische Werkstatt mit Werkzeug und Maschinen aus den 1920er Jahren, auch Kulisse für Kunstausstellungen.

Sport und Freizeit

Garten der Sinne: Ellerweg (Kreuzberg), 15.5.–15.9. Di–So 9–19 Uhr, 1.4.–14.5. u. 16.9.–31.10. Di–Fr 9–

Wolfspark: Werner Freund heult mit seinen Wölfen

17, Sa, So 11–17 Uhr,
Erw. 3 €, Ki. bis 6 Jahre frei
(s. Tour 1, S. 108f.).

Wolfspark: Im Kammerforst,
Tel. 068 61/721 20,
tgl. geöffnet, jeden 1. So im Monat
16 Uhr kostenlose Führung,
für Gruppen n. V.
In großzügigen Gehegen tummeln sich rund 20 Wölfe, versorgt und betreut von Wolfsforscher Werner Freund. Wer sehen will, wie der »Wolfsmensch« regelrecht Teil des Rudels wird, der sollte sich unbedingt einer Führung anschließen – ein einmaliges Erlebnis für die ganze Familie! In seinem **Expeditionsmuseum** (Propsteistr. 12, So 14–18 Uhr) zeigt Freund die Mitbringsel von seinen Reisen durch die ganze Welt.

Bietzener Heilwasser: Zwischen der Innenstadt und der Saar kann man im Stadtpark unter schönen alten Bäumen flanieren und im neuen **Salinenhäuschen** das mineralhaltige Wasser der Bietzener Heilquelle inhalieren (gut für die Atemwege). Direkt am Saarufer führt ein mit Skulpturen gesäumter Fuß- und Radweg zur Quelle, wo das Wasser für private Anwendungen abgefüllt werden kann (auch mit dem Auto über die B 51 zu erreichen). Der Mineraliengehalt ist vergleichbar mit jenem von Quellen in berühmten Kurorten wie Baden-Baden.

Das Bad: Saarwiesenring 3,
www.das-bad-merzig.de,
Mo–Sa 10–22, So, Fei 8–20 Uhr.
Die neue große Anlage am linken Saarufer ist ein kombiniertes Sport-, Freizeit- und Gesundheitsbad, in dem man in diversen Innen- und Außenbecken mit Großwasserrutsche jede Menge Spaß haben kann. Im Gesundheitsbereich genießt man in Ruhe erholsame Mineralbäder (aus der Bietzener Quelle) in großzügigen Schwimm- und Sprudelbecken, außerdem gibt es eine stattliche Saunalandschaft.

»Steine an der Grenze«: Aus einem Bildhauersymposion hervorgegangenes Kunstprojekt auf der Grenze zu Frankreich (s. a. Tour 5, s. S. 116f.). Zufahrt über Ortsteil MZG-Wellingen (dort ausgeschildert).

Feste und Unterhaltung

Merziger Rosentage im »Garten der Sinne«: Mitte Juni
Zelt-Palast: Juni–Sept., www.musik-theater.de.
Großes Sommertheater am linken Saarufer: Highlight ist im Juli/Aug. eine Opernaufführung im Zelt; außerdem: Zirkus, Chanson, Kleinkunst, Konzerte. Der heimische »Impresario« Joachim Arnold bürgt für Qualität und Originalität.
Viezfest mit Wahl der Viezkönigin: 1. Sa im Okt.

Tourist-Information: Poststr. 12, 66663 Merzig, Tel. 068 61/8 52 21, www.merzig.de

Hotel-Restaurant Roemer: Schankstr. 2, Tel. 068 61/933 90, Fax 93 39 30, www.roemer-merzig.de, Mi u. So Abend geschl., 88 €.
Zentral gelegen, gehobener Standard. Gute Küche zwischen bodenständig und ambitioniert. Hauptgericht ab 6,50 €.
Hotel-Restaurant Ratsstube Blasius: Trierer St. 14, Tel. 06861/2927, www.ratsstube-blasius.de, Mo u. Sa Mittag geschl., Hauptgericht ab 7,50 €.
Gästehaus mit schönen neuen Zimmern. Restaurant mit feiner regionaler Küche.
Hotel-Restaurant Merll-Rieff: Schankstr. 27, Tel. 068 61/93 95 20, www.hotel-merll-rieff.de, Mi u. So Abend geschl., ab 55 €.
Zentral gelegen, einfache, aber gute Ausstattung. Restaurant mit Fischspezialitäten und »Merziger Igel« (Hackbraten mit Bratkartoffeln, 9 €).

Merziger Brauhaus: Saarwiesenring, Tel. 068 61/ 79 16 35, www.saarfuerst.de, kein Ruhetag, Hauptgericht ab 5 €.
Großes Brauereigasthaus mit vielen Biersorten vom Fass. Durchgehend warme Küche, große Sommerterrasse, jeden So ab 10 Uhr Brunch, regelmäßige Musik-Events.
Café Kaufhaus Kahn & Küchenmeisterei: Kirchplatz 15, Tel. 068 61/ 93 88 44, Mo geschl., Di–Sa 8–23, So 9.30–23 Uhr, Gerichte 8–23 €..
Originelle Kombination aus Café, zwei Restaurants, Cocktail-, Weinbar und Lebensmittel-Boutique im stilvoll wieder belebten Ambiente eines Kaufhauses aus der Gründerzeit/Art-Deco.
Bäckerei-Bistro-Café Tinnes: Schankstraße 46, Tel. 068 61/23 59, Mo–Fr 7–18.30, Sa 5–15 Uhr.
Frühstück, kleine Snacks und feiner Kuchen, stets umweht vom Duft frischen Kaffees und Brotes.

Highlight 4

Mettlach (C 3)

Die Gemeinde (12 600 Einwohner) an der Unteren Saar überrascht ihre Besucher mit einem ganzen Strauß voller Attraktionen: Ein ehemaliges Kloster in der Ortsmitte beherbergt eine berühmte Porzellanmanufaktur, den Weltkonzern Villeroy und Boch. Im Wald versteckt ist eine der malerischsten Burgruinen des Landes. Genau vis-à-vis liegt »des Landes schönste Stelle«, die sagenumwobene Saarschleife, dahinter wartet der heilklimatische Kurort Orscholz mit vielfältigen Angeboten zum Ausspannen und Erholen.

Sehenswert

Erlebniszentrum Villeroy und Boch: Alte Abtei, Tel. 068 64/ 81 10 20, www.villeroy-boch.de,

Im Museumscafé von Villeroy und Boch

Mo–Fr 9–18, Sa, So, Fei 9.30–18 Uhr, im Winter So geschl., Führungen für Gruppen n. V.

Imposant wirkt die lang gezogene Barockfassade der ehemaligen Benediktinerabtei Mettlach am Ufer der Saar. Sie ist das Werk Christian Kretzschmars, im 18. Jh. Hausarchitekt der Abtei. In dem nach englischen Vorbildern gestalteten Landschaftspark ragt der **Alte Turm** auf, Teil einer frühen Abteikirche aus dem Jahr 994 und wohl ältestes Bauwerk des Landes. Gleich daneben zieht die zeitgenössische Kunstinstallation »Living Planet Square«, mit der Villeroy und Boch bei der Expo 2000 in Hannover vertreten waren, die Blicke auf sich. Die leer stehende Abtei wurde 1809 von Jean François Boch aufgekauft und zur Porzellanmanufaktur umgebaut. Heute findet die Fabrikation in den Anbauten hinter der Abtei statt, im alten Gebäude sind die Verwaltung und das Erlebniszentrum untergebracht. Den Besucher erwartet dort zunächst die **»Keravision«**, ein kurzweiliger Ausflug in die 260-jährige Firmengeschichte, verknüpft mit markanten Epochen der Kultur- und Sozialgeschichte. Dann folgt die **Erlebniswelt Tischkultur**, eine üppig inszenierte aktuelle Produktpräsentation, schließlich als Höhepunkt das **Keramikmuseum** mit den effektvoll arrangierten schönsten Stücken aus drei Jahrhunderten, vom kaiserlichen Nachttopf über herrliche Jugendstilvasen bis zu modernem Colani-Design. Einladend: das Museumscafé im Stil des berühmten Pfundschen Milchladens in Dresden (9.30–18 Uhr).

Burg Montclair: St. Gangolf, www.burg-montclair.de, April–Okt. Di–So 11–18, Nov.–März 11–16 Uhr.

Vom Parkplatz St. Gangolf wandert man zunächst 45 Min. durch einen herrlichen Wald, bevor man die malerische, restaurierte Burgruine mit ihren markanten vier Rundtürmen erreicht. Sie wurde 1439 zeitgleich mit der Burg Manderen in Lothringen gebaut, als Wacht über der Saarschleife. Mittlerweile ist sie fast vollkommen vom Wald verschluckt. Ein Rundgang endet im kleinen Burgmuseum und schließlich in der Burgschenke mit kleinen, preiswerten Gerichten (ab 4 €). An jedem 1. Sa im Monat erscheint um 15 Uhr das Burggespenst für Kinder.

Cloef und Saarschleife: Im Ortsteil Orscholz führt eine ausgeschilderte Straße zum schönsten Aussichtspunkt des Landes. Von einem großen Parkplatz aus geht man noch einige hundert Meter zu Fuß durch den Wald zum Aussichtspunkt Cloef, dort blickt man wie von einem majestätischen Balkon hinunter auf die Saar, die, von Südosten kommend, direkt zu Füßen des Betrachters einen kühnen Bogen schlägt, um danach wieder in die gleiche Richtung zu entschwinden. Eine Laune der Natur hat hier ein Panorama geschaffen, das, abhängig von Wetter, Jahres- und Tageszeit, in ständig wechselnden Farben und Stimmungen aufscheint (Abb. S. 6/7).

Cloef-Atrium: Im Kurpark Mettlach-Orscholz steht dieses architektonisch interessante Tagungs- und Besucherzentrum mit Veranstaltungssaal, Restaurant, Bistro, Kurverwaltung und der kleinen Ausstellung »Weite Heimat«, in der man audiovisuell durch die Lokal-, Grenz- und Wirtschaftsgeschichte der Region wandelt (Di–So 11–16 Uhr).

Sport und Freizeit

Gesundheitszentrum Saarschleife: Cloefstr. 1a,
Tel. 068 65/900, Fax 90 19 09,
www.saarschleife.de.
Im heilklimatischen Kurort Mettlach-Orscholz kann man richtig kuren (Fachklinik für Orthopädie, Europäisches Zentrum für Traditionelle Chinesische Medizin) oder die Angebote im schön gelegenen, weitläufigen Gesundheitszentrum (1000 m^2 Wasserfläche mit Hallen-Wellenbad, Außenbecken, Whirlpools, Bewegungsbecken, Sauna, Fitnessstudio) ambulant privat für Fitness, Vorbeugung oder Reha nutzen (auch günstige 2- oder 7-Tage-Pauschalen).

Schiffsfahrten: Ostern–Okt. Rundfahrten zur Saarschleife. Mit der »Mettlach« tgl. 9, 12, 15, 17 Uhr, Tel. 068 64/802 20, www.saar-schifffahrt.de, mit der »Maria Croon« Di–Sa 11, 14, 16, So 10, 12, 15, 17 Uhr, Tel. 068 68/12 37. Tagesfahrten nach Saarburg Mai–Okt. Do, Sa, So, Fei 10.45 Uhr, Tel. 065 81/991 88, www.saarflotte.de). In Dreisbach an der Saarschleife verbindet eine Personenfähre beide Ufer, ermöglicht somit Wanderungen von der Cloef zur Burg Montclair – und umgekehrt (April–Okt. Di–So, 10–18 Uhr, Nov. u. März Sa, So, Fei 10–16.50 Uhr).

Einkaufen

Villeroy und Boch Outlet-Center:
Freiherr-vom-Stein-Str. 4–6,
Tel. 068 64/20 31,
Mo–Fr 9.30–19, Sa 9.30–18 Uhr.
Porzellan, Glas, Kristall, Accessoires – alles aus der aktuellen V+B-Collection.

Saarschleife Touristik: Freiherr-vom-Stein-Str. 64,
66693 Mettlach, Tel. 068 64/83 34,
www.mettlach.de

Hotel-Restaurant Saarpark:
Bahnhofstr. 31, Tel. 068 64/92 00,
www.hotel-saarpark.de,
kein Ruhetag, 118 €.
Modernes Haus direkt an der Saar, komfortable Zimmer. Restaurant, Hauptgericht ab 12 €.

Hotel-Restaurant »Zur Saarschleife«: Mettlach-Orscholz,
Cloefstr. 44,

Tel. 068 65/17 90, www.hotel-saarschleife.de, 90 €. Schöne Zimmer in qualitätsbewusstem Familienbetrieb. Wellness-Angebote. Hervorragende, gehobene Küche mit Fisch- und regionalen Spezialitäten. Hauptgericht ab 16 €.

Hotel Haus Schons: V.-Boch-Liebig-Str. 1, Tel. 068 64/12 14, www.hotel-haus-schons.de, ab 60 €. Kleines Hotel mit Flair direkt an der Saar. Beliebt bei Wanderern und Radfahrern.

Mettlacher Abteibräu: Bahnhofstr. 32, Tel. 068 64/932 32, www.abtei-brauerei.de, Mo geschl., Hauptgericht 5,50–14 €. Erlebnisbrauerei mit rustikaler Einrichtung; deftige Küche mit saarländischen Spezialitäten.

Bistro Le Cube: Im Cloef-Atrium, Mettlach-Orscholz, Tel. 068 65/911 52 50, kein Ruhetag, ab 5 €. Nettes Lokal am Rande des Kurparks.

Café-Restaurant Fährhaus Saarschleife: Steinbach 3,Mettlach-Dreisbach, Tel. 068 68/18 02 18, April–Okt. tgl. außer Di ab 10 Uhr, sonst Mi–Fr ab 17 Uhr, Sa, So ab 11 Uhr, Mo, Di u. Januar geschl., Hauptgericht ab 6 €. Wunderbar gelegenes Ausflugslokal am Saar-Radweg, Ländlich-Deftiges mit »lecker« Bratkartoffeln!

Neunkirchen (H 4/5)

Kaum zu glauben, dass die zweitgrößte Stadt des Saarlandes (48 000 Einwohner) vor 30 Jahren noch ein rußendes, rumpelndes Ungeheuer war: Das riesige Stahlwerk mitten im Ort bestimmte Alltag und Lebensrhythmus von mehreren zehntausend Menschen. Heute künden nur noch ein kleines Ensemble um zwei konservierte Hochöfen und einige verstreute Relikte von der »Neunkircher Eisenzeit«, die schon Ende des 16. Jh. begann. Auch Goethe zeigte sich beeindruckt vom Spektakel der Neunkircher Eisenhütte und schrieb im Jahr 1770: »Das Geräusch des Wassers und der von ihm getriebenen Blasbälge, das fürchterliche Sausen und Pfeifen des Windstroms, der, in das geschmolzene Erz wütend, die Ohren betäubt und die Sinne verwirrt, trieb uns endlich hinweg, um in Neunkirch einzukehren, das an dem Berg hinaufgebaut ist.«

Kleine Museen für Kunstliebhaber

Neben den größeren Kunstmuseen in den Städten gibt es einige bemerkenswerte kleine Privatmuseen von engagierten Kunstfreunden auf dem Lande: Der Arzt Dr. Martin Zimmer lebt inmitten von 80 Gemälden des »Neuen deutschen Wilden« **Rainer Fetting**. Auf Voranmeldung kann man ihn in seinem Privathaus (Ende 2009 im eigenen kleinen Museum) besuchen: Hollandstr. 10, MZG-Hilbringen, 06861/74244. Das **Jean-Lurcat-Museum** in Eppelborn zeigt Bilder, Keramiken und Wandteppiche des französischen Künstlers (Auf der Hohl, Tel. 068 81/7124, www.jean-lurcat.de, Mi, Fr, So 14.30–18 Uhr u. n. V.). In Illingen-Wustweiler sind in einer modernen Kapelle, der **Statio Dominus Mundi,** mittelalterliche Meister ausgestellt, u. a. Lukas Cranach d. Ä. (Waldstraße, Tel. 068 25/31 01, Mi, So 15–18 Uhr).

Highlight 5

Keltischer Ringwall (»Hunnenring«): Zugang über Waldparkplatz Nonnweiler-Otzenhausen an der Straße nach Züsch (ausgeschildert), von dort ca. 1 km Fußweg bergauf. Ein noch schönerer Weg ist der keltische Skulpturenpfad »Cerda et Celtoi«. Er führt von der Europäischen Akademie Otzenhausen hoch zum Dolberg. Mitten im Wald stößt man plötzlich auf eine riesige Anhäufung von Steinen, die einst zu einem mächtigen keltischen Ringwall aufgeschichtet waren, 15 m hoch, 4–5 m dick und 2,5 km lang. Der Wall schützte vermutlich im 1. Jh. v. Chr. eine der größten Siedlungen des Keltenstammes der Treverer vor römischen Überfällen und ist heute noch das größte und am besten erhaltene keltische Monument in Deutschland. Hinter dem Wall befindet sich im Sommer ein archäologisches Grabungscamp und in der Nähe des Parkplatzes werden Kelten-Workshops und Feste veranstaltet. Info: Verkehrsamt Nonnweiler und www.keltenring-otzenhausen.de.

Sport und Freizeit

Primstalsperre: Eigentlich ist der fjordartige Stausee vor den Toren Nonnweilers »nur« ein großes Trinkwasserreservoir, in dem Baden und Wassersport nicht erlaubt sind. Doch mit seinem originellen **Planetenlehrweg** (ab Staudamm rund um den See) lädt er Wanderer und Radfahrer zu einem maßstabsverkürzten Ausflug in die Galaxis ein. Am Wegesrand warten Modelle der neun Planeten – von Merkur bis Pluto – im Maßstab 1:1 Milliarde. Der Weg durch die ganze Galaxis ist hier in Nonnweiler nur knapp 6 km lang!

Sternwarte Peterberg: Nonnweiler-Braunshausen, Tel. 068 73/915 55, www.sternwarte-peterberg.de, April–Aug. Sa ab 20, Sept.–März ab 19 Uhr.
Der Verein der Amateurastronomen lädt alle interessierten Sterngucker auf dem Peterberg zu einem fantastischen Trip durch's (echte) Universum ein.

Rutschenparadies: Freizeitzentrum Peterberg, Nonnweiler-Braunshausen, Tel. 068 73/911 34, www.sommerrodelbahn-peterberg.de, Juli/Aug. tgl. 10–18, So, Fei 10–19, Sept./Okt. u. April–Juni So, Fei 10–19, Sa u. Mi 13–18 Uhr.
Auf einer 1 km langen Metallbahn geht es mit modernen Schlitten in flotter Fahrt den Peterberg hinunter – und anschließend mit einem Lift wieder hinauf.

Kur- und Verkehrsamt: Trierer Str. 5, 66620 Nonnweiler, Tel. 068 73/660 19, www.nonnweiler.de

Gasthaus-Pension Feid: Unterdorfstr. 2, Nonnweiler-Sitzerath, Tel. 068 73/77 98. Große Pensionszimmer (58 €). Gutbürgerliche Küche, Hauptgericht 8–10 €.

Landgasthof Paulus & Der Laden: Prälat-Faber-Str. 2–4, Nonnweiler-Sitzerath, Tel. 068 73/910 11, www.landgasthof-paulus.de, Mo, Di geschl., Hauptgericht ab 17,50 €.
Hier kommen in behaglicher Atmosphäre mit heimischen Produkten zubereitete Gerichte aus »Omas guter Küche« auf den Tisch (z. B. Rouladen, Sauerbraten) – prämierte Kochkunst auf höchstem Niveau, begleitet von ausgezeichneten Weinen. Seminare für Weinfreunde und Feinschmecker.

Parkschenke Simon: Auensbach 68, Tel. 068 73/66 99 70, Mo bis 18 Uhr geschl., Hauptgericht 7–14 €. Gutbürgerliche Küche, Wildgerichte.

Highlight 6

Ottweiler (H 4)

Kaum anderswo verdichtet sich die Geschichte des Saarlandes so sichtbar und sinnlich wie unterhalb der »Zibbelkabb« des Alten Turms von Ottweiler (15 300 Einwohner). Der Turm ist Teil der Stadtbefestigung aus dem 15. Jh. und wacht über einen relativ geschlossenen historischen Ortskern mit Bauten aus dem Mittelalter, der Renaissance und dem Spätbarock. Damals war das Städtchen Nebenresidenz der Fürsten von Nassau-Saarbrücken, die hier auch eine exklusive Porzellanmanufaktur unterhielten. Nach Osten blickt die »Zibbelkabb« über die Blies ins Ostertal, einen der ruhigsten und beschaulichsten Winkel des Saarlandes.

Sehenswert

Ortsbild: Der **Alte Turm** ist auch der Glockenturm der **Evangelischen Kirche,** in der u. a. moderne Glasfenster von Georg Meistermann zu sehen sind. Um **Rathausplatz** und **Schlossplatz** gruppiert sich ein schönes Ensemble historischer Häuser, am beeindruckendsten das **Hesse Haus** (1590) mit seiner reich ornamentierten Giebelfront. Barocke Reminiszenz ist der **Pavillon,** ursprünglich Jagd- und Gartenhaus. Er liegt inmitten eines duftenden – leider vom Verkehr umbrausten – **Rosengartens** an der Blies. Im **Witwenpalais** in der Wilhelm-Heinrich-Straße residierte einst Wilhelm Heinrichs Gemahlin Sophie Erdmuthe, heute ist es Verwaltungssitz des Landkreises Neunkirchen. Im Inneren beeindruckt noch ein historischer Saal mit einigen Stücken des

Der Alte Turm wacht über die Altstadt von Ottweiler

Unterwegs mit der »Reichsgräfin«

Ende des 18. Jh. hatte das »Gänsegretel von Fechingen« in Ottweiler das Sagen. Die ehemalige Bauernmagd Katharina Kest war ursprünglich die Geliebte, später die rechtmäßige Ehefrau von Fürst Ludwig von Nassau-Saarbrücken. 1784 wurde sie von Kaiser Josef II. in den Rang einer Reichsgräfin von Ottweiler erhoben. Noch heute flaniert »die Reichsgräfin« – auf Bestellung – in barockem Kostüm samt Page und keckem Sonnenschirmchen durch die Stadt. Besucher können eine Stadtführung mit ihr buchen – inklusive Kaffeeklatsch oder Sektempfang im »Witwenpalais«. Außerdem stehen noch ein »Stadtschreiber«, ein »Gräflicher Oberamtmann«, ein »Hofprediger« (April–Sept Mi 19 Uhr u. n. V.) und ein »Nachtwächter« (April–Okt. Fr 21 Uhr) parat. (Auskunft und Buchung bei der Tourist-Information Ottweiler, s. u.).

Ottweiler Porzellans (weitere im Saarland Museum Saarbrücken).
Saarländisches Schulmuseum: Goethestr. 13, Tel. 068 24/46 49, Di, Do, So 11–17 Uhr u. n. V. (auch Führungen).
Das Museum ermöglicht eine Zeitreise in den dörflichen Schulalltag zwischen 1850 und 1950, mit Katheder, Bänken, Schiefertafeln, Karzer und Strafesel. Auf Wunsch und Bestellung wird auch eine Originalunterrichtsstunde von »Anno Tuback« verabreicht.
Stadtführungen: April–Okt. So 10.30 Uhr ab Schlosshof 5.

Tourist-Information Ottweiler: Schlosshof 5, 66564 Ottweiler, Tel. 068 24/35 11, www.ottweiler.de

Hotel Goethe: Goethestr. 1–11, Tel. 068 24/918 22 o. 57 44, info@hotelgoethe.de, ab 49 €. Gemütliche, stilvolle Zimmer in renoviertem Altbauensemble.

Wein-Keller: Goethestr. 15, Tel. 06824/709485, Mo–Fr ab 18 Uhr, Sa, So ab 11 Uhr, Hauptgericht ab 5 €.
Schönes Wein- und Speiselokal in den Mauern einer alten Brauerei(!). Tapas, Salate, Steaks.
Gasthaus zur Linde: Hauptstr. 60, OTW-Mainzweiler, Tel. 068 24/31 12, kein Ruhetag, Hauptgericht ab 9 €.
Ausgezeichnete regionale Küche, Wild- und Fischgerichte, vegetarische Speisen. 4 Gästezimmer (62 €), schöne Terrasse.
Altstadtcafé: Sammetgass, Tel. 068 24/87 47, Mo–Fr 8–18, Sa 8–13, So 14–18 Uhr. Köstliche Backwaren und Pralinen, auf Vorbestellung auch die »Katharinentorte« zu Ehren der Reichsgräfin.

7 Highlight

Perl (A 3)

Willkommen auf der Sonnenterrasse des Saarlandes – mit Blick auf die Mosel, den Wein, das hügelige Hinterland des Saargaus im südlichen Landkreis Merzig-Wadern und auf die direkten Nachbarn an beiden Moselufern, Frankreich und Luxemburg. Die schönste »europäische« Perspektive hat man vom Aussichtspunkt »Dreiländereck« über der

Winzervesper in den Moselhängen

Mosel bei Perl: drüben das Luxemburger Ufer mit der Weinstraße und dem »Europadorf« Schengen und moselaufwärts der weite Blick ins Lothringer Land. Die Gemeinde Perl (6900 Einwohner) hat zwölf Ortsteile und ist die einzige Weinbaugemeinde des Saarlandes. Reich gesegnet ist sie mit sichtbaren Spuren der römischen Vergangenheit und überall ist diese spürbar. Wen wundert's, dass in der sonnenverwöhnten Kulturlandschaft in feudalem Schlossambiente auch einer der besten europäischen Köche anzutreffen ist.

Sehenswert

Römische Villa Borg:
Perl-Borg (Zufahrt ausgeschildert),
Tel. 068 65/911 70, www.villaborg.de,
April–Okt. Di–So, Fei 11–18 Uhr,
Nov./Dez., Feb./März Di–So,
Fei 11–16 Uhr.
»Und prächtig schmücken Paläste bald hüben, bald drüben die Ufer!«, so besang einst der römische Dichter Ausonius die Mosel. Einer der »prächtigen Paläste« ist quasi wieder auferstanden auf der weiten Hochebene von Perl-Borg. Dort haben Archäologen einen repräsentativen Gutshof aus dem 3. Jh. n. Chr. freigelegt und detailgetreu rekonstruiert: Ein Tor- und Herrenhaus, eine Taverne und ein großes Badehaus stoßen im rechten Winkel aufeinander. Sie lassen in der Mitte Platz für ein römisches Ziergärtchen mit zwei rechteckigen Teichen. Hinter den Gebäuden erstrecken sich große Kräuter- und Gemüsegärten (s. a. Tour 1, S. 108f.). Dort Angebautes gelangt auch in die Küche der **Römischen Taverne** (Tel. 068 65/ 91 17 12). Hier werden original römische Speisen nach Art des römischen »Kochbuchautors« Apicius serviert, z. B. »Pullus Varianus« (Hühnchen mit Honig, Lauch und Koriander in Weinsoße, 10 €). Auch das Innere der Gebäude vermittelt einen Eindruck von Stilbewusstsein und Wohnkultur der romanisierten Kelten in der Provinz Belgica. Lebhaft wird es in der Römervilla immer Anfang August beim großen **Römer-**

Ausschnitt aus dem römischen Mosaikfußboden von Nennig

tag mit Händlern, Handwerkern und Gladiatoren. Ganzjährig werden auf Anfrage auch Führungen, Gartenseminare und Events zum Thema »römische Lebensart« angeboten.

Römisches Mosaik: Römerstraße, Perl-Nennig, April–Sept. Sa, So, Fei 8.30–12, 13–18 Uhr, 15. Feb.–31. März. u. 1. Okt.–30. Nov. Di–So, Fei 9–11.30, 13–16.30 Uhr.

Hier stand die wohl prächtigste Römervilla an der Mosel. 650 m lang war allein die Fassade zum Fluss hin. Vom ursprünglichen Bau existiert nur noch ein 15 x 10 m großer Mosaikfußboden – der größte und am besten erhaltene nördlich der Alpen. Er zeigt mehrere Bildmotive aus dem Leben römischer Gladiatoren.

Perl-Sehndorf: Dieser kleine Ortsteil hat noch den Charakter eines typischen Winzerdorfes: Rund um den historischen Waschbrunnen gruppieren sich mehrere reben- und blumenumrankte Weingüter. In den Vorgärten oder an der Straße sitzen im Sommer die Winzer mit ihren Kunden, um die neuen Jahrgänge zu testen. Von hier aus kann man auch schöne Wanderungen durch die Weinberge unternehmen. Das Nachbardorf **Perl-Wochern** zählt mit seinen gut erhaltenen oder restaurierten Bauernhäusern zu den schönsten Dörfern des Saarlandes.

Gemeindeverwaltung Perl: Trierer Str. 28, 66706 Perl, Tel. 068 67/66-0, www.perl-mosel.de.

Victor's Residenz-Hotel Schloss Berg: Schlosshof 9, Perl-Nennig,

Tel. 068 66/790, Fax 791 00, www.victors.de, 160–580 €.
Fast wie eine große römische Villa wirkt dieses Fünf-Sterne-Haus neben dem alten Schloss Berg. Auch die Zimmer verbreiten mit warmen Farbtönen und viel Marmor eine Atmosphäre klassischer Eleganz. Im »Vital-Ressort« lockt eine große Wellness-Abteilung mit Schwimmbad, Saunen und Beautyfarm. Außerdem gibt es ein Spielcasino.

Schloss Berg – Ein Victor's Privat Hotel: Schlosshof 7, Tel. 068 66/791 18, Fax 794 58, www.schlossberg-nennig.de, 190–580 €.
In den Räumen des einstigen Wasserschlosses aus dem 17. Jh. wurden luxuriöse Zimmer und Suiten eingerichtet – mit Blick ins Moseltal und auf den neu angelegten Renaissancegarten. Im gleichen Haus befindet sich das Drei-Sterne-Gourmetrestaurant von Christian Bau, einem der besten Köche Europas (Mo, Di geschl., Menü ab 115 €).

Hotel-Restaurant Hammes: Hubertus-von-Nell-Str. 15, Tel. 068 67/910 30, www.hotelhammes.de, Mi geschl., DZ ab 77 €, Restaurant mit gehobener, gutbürgerlicher Küche, Hauptgericht ab 12 €.

Hotel »Zur Traube«: Bübinger Str. 16, Perl-Nennig, Tel. 068 66/349, www.traube-nennig.de, DZ ab 58 €. Gutbürgerliches Restaurant, Hauptgericht ab 8,40 €, Sa geschl.

Die Scheune: Schlosshof, Tel. 068 66/790, kein Ruhetag, Hauptgericht 10–25 €.
Schönes Bistro im ehemaligen Gesindehaus des Schlosses aus dem 13. Jh., gehobene saarländische und gutbürgerliche Küche.

Wein-Kuriosum

Der saarländische Wein wächst nicht etwa an der Saar, sondern nur auf einem relativ kurzen, 130 ha großen Abschnitt der Obermosel in der Gemeinde Perl. Doch die elf Privatwinzer dort, allesamt alteingesessene Familienbetriebe, bauen einen hervorragenden Weißen aus, überwiegend die Burgundersorten Auxerrois, Chardonnay, Grauburgunder (Pinot gris), Weißburgunder (Pinot blanc), Spätburgunder Rosé (Pinot noir), aber auch die alte Römerrebe Elbling, dazu noch prickelnd fruchtige Winzersekte und Crémants. An den Wochenenden von April bis Oktober laden die Winzer beim **»Saarländischen Weinsommer«** abwechselnd zum »Pröbeln« in ihre Keller und Probierstuben – eine schöne Gelegenheit, ihre Produkte in zünftigem Rahmen mit Essen und Musik vor Ort kennen zu lernen und zu kaufen.

Ziele in der Umgebung

Luxemburger Weinstraße: Zwischen **Schengen** und **Remich** auf der gegenüberliegenden Moselseite verläuft das schönste Stück der Luxemburger Weinstraße. Sie beginnt im »Europadorf« **Schengen,** wo 1985 auf einem Moselschiff das Abkommen zum Wegfall der Grenzkontrollen in Europa unterzeichnet wurde. Sehenswert ist das Schloss mit Barockgarten (s. Tour 1, S. 108f.). In **Remerschen** lohnt ein Besuch der Genossenschaftskellerei »Vinsmoselle« (Di–So 10–21 Uhr), in der eine originelle Probierstube in Form eines Römerschiffes zum Weinkauf animiert. Hier beginnt auch das Naturschutzgebiet

Tanken in Luxemburg

Ein Ausflug nach Luxemburg lohnt sich nicht nur in touristischer, sondern auch in finanzieller Hinsicht: Benzin ist im Großherzogtum trotz der ständig schwankenden Preise in der Regel immer etwa 15–20 Cent pro Liter billiger als in Deutschland. Auch Tabak und Kaffee sind noch etwas preiswerter. Der Nachteil: Vor allem an den Wochenenden gibt es mitunter ziemliche Staus am Grenzübergang Moselbrücke zwischen Perl-Nennig und dem luxemburgischen Remich, wo sich ungefähr zehn Tankstellen an der Straße nach Luxemburg-Stadt ballen.

Reimecher Haff, wo man zwischen ehemaligen Baggerseen in den Moselauen wunderbar spazieren gehen, in kleinen Schutzhäusern Vögel beobachten und in einem See sogar baden kann. Weiter geht es durch die schönen Winzerdörfer **Schwebsange** (wunderbarer Privatgarten, Besucher willkommen, 91, Route du Vin, Tel. 003 52/23 66 44 73) und **Wellenstein** nach **Bech-Kleinmacher** mit seinem urigen Wein- und Folkloremuseum »A Possen«, in dem man Interessantes über ländliche Altluxemburger Wohnkultur und den Weinbau erfahren und auch ein Schöppchen probieren kann (1, rue Aloyse Sandt, Mai–Okt. Di–So 11–19, Nov.–April Fr–So, Fei 11–19 Uhr, Tel. 00352/2369 7353). In **Remich** schließlich kann man über die Moselbrücke wieder nach Perl-Nennig zurückkehren. In Remich und in Schengen starten Schiffstouren auf der Mosel (s. S. 33).

Burgen im Dreiländereck: Von Perl geht es moselaufwärts über die Grenze ins wenige Kilometer entfernte lothringische **Sierck-le-Bains,** wo schon die Römer über der kleinen Moselschleife ein Kastell errichtet hatten. Die Herzöge von Lothringen bauten es im 11. Jh. weiter zur Festung aus, Vauban tat im 17. Jh. ein Übriges. Auch heute noch dräut die Anlage mächtig über dem Fluss. Von den weitläufigen Mauern aus bieten sich großartige Ausblicke in die Mosellandschaft (1.5.–30.9. Mo–Sa 10–19, So, Fei 10–20 Uhr, 1.10.–30.11. u. 1.3.–30.4. tgl. 10–16 Uhr). Auch über dem Nachbarort **Rodemack** ragen dicke Festungsmauern aus dem 11./12. Jh. auf. Aber hier bezaubert der Ort selbst noch mehr – durch seine malerischen Gassen, Winkel, Mauern, Türme und ein »Petit Château« in der Ortsmitte. Groß und mächtig, weil vollständig rekonstruiert, schaut das **Château de Malbrouck** bei Manderen ins weite Lothringer Land. Es ist heute die größte »Event-Burg« in Nordfrankreich (s. a. Tour 5, S. 116f.).

Rehlingen-Siersburg (C/D 5)

Die Ruine der Siersburg thront malerisch über der zum Landkreis Saarlouis gehörenden Gemeinde (15800 Einwohner) mit ihren recht weit verstreuten zehn Ortsteilen. Die Burg wurde im 12. Jh. erbaut zur Kontrolle des Saartals, das sich hier nach Norden hin öffnet. Nach Süden blickt man in den hügeligen Saargau, durch den sich von Frankreich her das kleine, idyllische Flüsschen Nied windet. In seinem stillen, reizvollen Tal kann man wunderbar wandern, im Fluss baden oder auf dem neuen Niedtal-Radweg gemächlich die Gegend erkunden. Eine der schönsten Stellen, die Niedschleife bei Niedaltdorf, hat schon fast etwas Exotisch-Urwaldartiges. In Hemmersdorf beeindrucken – sinnigerweise in der Lothringer Straße – einige besonders schöne Lothringer Bauernhäuser. Und hier »brennt« es an allen Ecken und Enden: in den neun gewerblichen und zahllosen privaten Obstbrennereien der Gemeinde, die eine extra »Schnapsfibel« für alle an geistigen Getränken Interessierten herausgegeben hat. Ganz klar, dass in so einem Umfeld auch die Köche ihr Bestes geben, um die Gäste zu verwöhnen – oft in schönen Gartenlokalen nahe der Nied. Oben auf der Burg werden im Sommer ebenfalls die Sinne erfreut: Dort gibt's an den Wochenenden Minnesang, ritterliches Treiben und Open-Air-Kino.

Sehenswert

Tropfsteinhöhle: Neunkircher Str. 10, R.-Siersburg-Niedaltdorf, Tel. 068 33/84 00 o. 84 10, April–Okt. Di–So 10–12, 14–17 Uhr (So, Fei bis 18 Uhr).
An einem ungewöhnlichen Ort, nämlich im Keller von »Biehls Bistro« (s. S. 66), befindet sich diese kleine Höhle mit 7000 Jahre alten Stalaktiten.

Gemeinde Rehlingen-Siersburg:
Bouzonviller Platz,
66780 Rehlingen-Siersburg,
Tel. 068 35/50 80,
www.rehlingen-siersburg.de

Bistro La Bagatelle: Neunkircher Str. 66,
R.-Siersburg-Niedaltdorf,
Tel. 068 33/90 19 90, Fax 901 99 20,
www.bistro-bagatelle.de,
Do–Sa ab 18, So ab 11 Uhr,
Hauptgericht 14–25 €.
Altes Bauernhaus mit historischem Biergarten an der Nied. Feine ländliche Küche, vier schöne Gästezimmer (72 €).
Biehls Bistro: Neunkircher Str. 10,
R.-Siersburg-Niedaltdorf,
Tel. 068 33/377,
So Abend u. Mo geschl.,

Ein sommerlicher Hochgenuss: Baden und Paddeln in der Nied

Hauptgericht 7,50–19 €.
Leichte, preiswerte Bistroküche. Wunderbare Terrasse am Ufer der Nied.

Adam's Bauernstube:
Pehlinger Hof, R.-Siersburg-Gerlfangen, Tel. 068 33/10 10,
Do, Fr, Sa ab 16, So ab 12 Uhr,
Hauptgericht 5–15 €.
Kleine, gemütliche Bauernhof-Gaststätte. Spezialität: Viezbraten. Die Würste und Landschinken sind hausgemacht, die Schnäpse selbst gebrannt, alles kann im Hofladen gekauft werden.

Leick's Hof: Niedstr. 107, R.-Siersburg, Tel. 068 35/679 93, Mo geschl., Hauptgericht 8–12 €.
In drei gemütlich eingerichteten kleinen Bauernstuben werden vorwiegend vegetarische Gerichte serviert.

Niedmühle: Niedtalstr. 13–14, R.-Siersburg-Eimersdorf,
Tel. 068 35/674 50, www.restaurant-niedmuehle.de, Mo, Sa Mittag geschl.,
Hauptgericht 26–32 €.
Ein weiteres kleines gastronomisches Paradies an der Nied: meisterliche Küche in ländlicher Umgebung.

Highlight 8

Saarbrücken (F/G 6/7)

Die Landeshauptstadt Saarbrücken (176 000 Einwohner) ist nicht nur der politische, sondern auch der wirtschaftliche und kulturelle Mittelpunkt des Saarlandes – mit vielen unterschiedlichen Gesichtern: Am einen Ende ist sie Dorf mit Kirche (St. Arnual), am anderen Industriestandort im Wandel (Malstatt/Burbach), am Südrand ehemaliges Schlachtfeld (an der grünen Grenze zum Nachbarn Frankreich). Im Osten präsentiert sie sich als rührige Universität im Walde, im Norden gar als geheimnisvoller Urwald und in der Mitte schließlich als Stadt am Fluss mit verwinkelter Altstadt, quirligem Einkaufsviertel, belebten grünen Ufern und lauschigen Plätzen im schmucken Rahmen einer kleinen Barockresidenz, die beiderseits der Saar mit schönen Bürgerhäusern, beeindruckenden Kirchen und bemerkenswerten Museen aufwartet.

Saarbrücken ist eine vitale und gastfreundliche Stadt, die vom Reiz ihrer Kontraste lebt und ihrer Lebensfreude auf vielfache, immer lustvolle Weise Ausdruck verleiht: auf dem bunten kleinen Wochenmarkt vor der barocken Ludwigskirche wie auf der grünen Flaniermeile am Saarufer, in der rustikalen Ausflugsgaststätte wie beim Drei-Sterne-Koch, auf der kleinen Kneipenbühne in Alt-Saarbrücken wie auf der großen Bühne des Staatstheaters – und nicht zuletzt auf den vielen großen und kleinen Festen und Festivals, die im Laufe des Jahres auch viele Besucher von außerhalb anlocken.

Hat die Stadt ihren Namen nun von den Saar-Brücken oder doch eher von dem Saar-Brocken (= Felsen), auf dem sich ihre erste Burg erhob? Am Anfang ihrer Geschichte jedenfalls stand eine Römerbrücke im damaligen Vicus Saravus am Fuße des Halbergs im Osten der Stadt. Heute schlagen im gesamten Stadtbereich zehn Brücken den Bogen über die Saar. Die älteste (in Teilen) noch existierende ist die Alte Brücke aus dem 16. Jh., heute eine viel frequentierte Fußgängerbrücke zwischen den einst selbständigen Städten (Alt-)Saarbrücken (mit St. Arnual) am linken und St. Johann am rechten Ufer. Sie verschmolzen erst 1909 (zusammen mit den Industrieorten Burbach und Malstatt) zu einem Gemeinwesen. Anfangs schauten die früher und höher

Der St. Johanner Markt ist das Herz der Altstadt

angesiedelten Alt-Saarbrücker Adligen von ihrem Burgfelsen Sarabruca (999 erstmals erwähnt), später vom Schloss an gleicher Stelle, buchstäblich auf die St. Johanner Bauern und Kaufleute auf der anderen Saarseite herab. Die aber liefen ihnen spätestens im 19. Jh. wirtschaftlich und politisch den Rang ab. 100 Jahre zuvor hatten der Barockfürst Wilhelm Heinrich und sein Sohn Ludwig von Nassau-Saarbrücken beiden Städten einen großen Dienst erwiesen, von dem sie heute noch zehren: Ihr genialer Baumeister Friedrich-Joachim Stengel einigte die beiden ungleichen Ufer durch ein städtebauliches Gesamtkonzept mit wunderbaren, in einheitlichem Grau-Weiß gehaltenen Barockensembles hüben und drüben. Anfang des 20. Jh. kamen die schönen Fluchten der Jugendstil- und Gründerzeithäuser dazu, in den 1950er Jahren – und später auch – leider viele gesichtslose Neubauten, die die durchdachten Sichtachsen des Meisters Stengel verstellten und zerstörten.

Als Störenfried zwischen beiden Saarufern erweist sich auch die lärmende Stadtautobahn, die in den 1960er Jahren neben die Saar gezwängt wurde – und von dieser zur Strafe regelmäßig überschwemmt wird. Aber die Saarbrücker haben eine Vision, die in einigen Jahren Wirklichkeit sein soll: Sie wollen die Autobahn in einem Tunnel verschwinden lassen und die Saarufer als ruhige Wohn- und Erholungsbereiche zurückgewinnen. Kurzum: Die Stadtmitte soll wieder näher an den Fluss rücken.

Sehenswert

St. Johanner Markt: Er ist das Herz der Altstadt und die (autofreie) »gute Stube« Saarbrückens. Rings um den Stengel'schen Marktbrunnen gruppiert sich ein Ensemble barocker Bürgerhäuser mit kleinen Läden, Boutiquen, Kneipen, Bistros und Restaurants, die nicht nur bei Sonnenschein den halben Markt zur Piazza, zum großen Freiluftcafé mit südlichem Flair machen. Und montags,

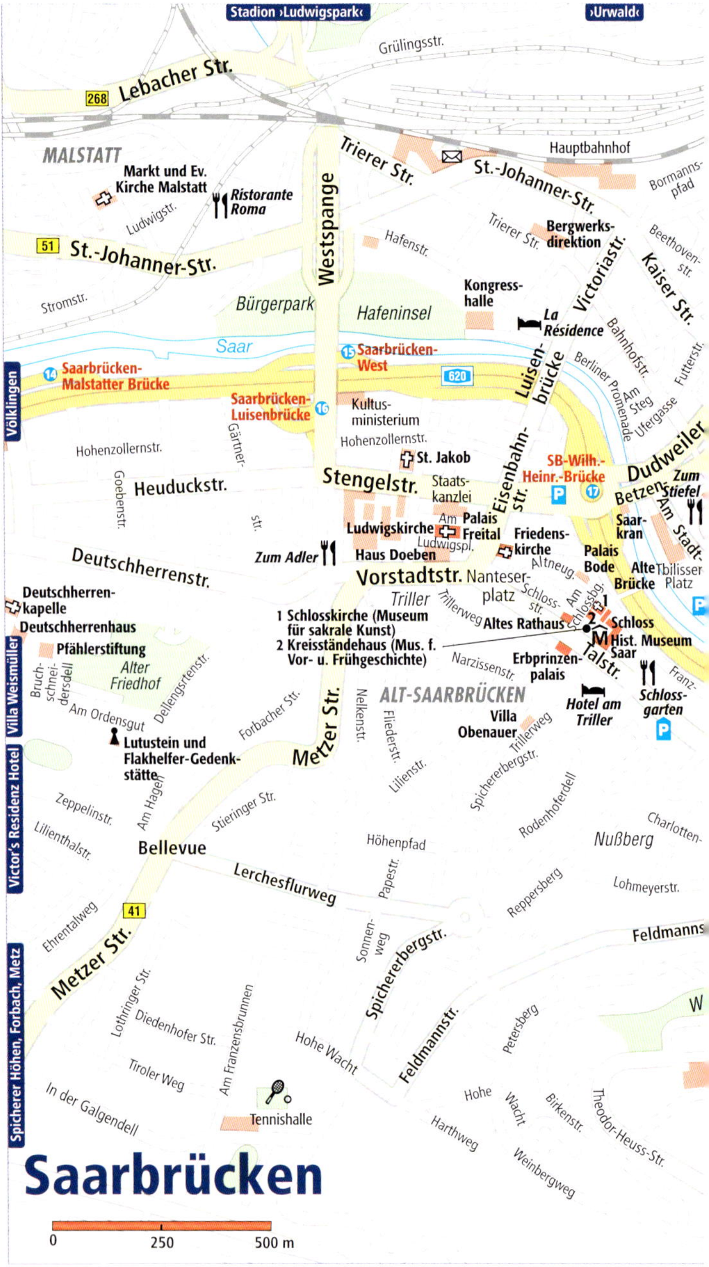
Stadion ›Ludwigspark‹
›Urwald‹
Grülingsstr.
Lebacher Str.
268
MALSTATT
Markt und Ev. Kirche Malstatt
Ristorante Roma
Trierer Str.
Hauptbahnhof
St.-Johanner-Str.
Bormanns-pfad
Ludwigstr.
51
St.-Johanner-Str.
Westspange
Hafenstr.
Trierer Str.
Bergwerks-direktion
Victoriastr.
Beethoven-str.
Kaiser Str.
Stromstr.
Bürgerpark
Hafeninsel
Kongress-halle
La Résidence
Saar
Saarbrücken-West
Saarbrücken-Malstatter Brücke
620
Luisen-brücke
Bahnhofstr.
Berliner Promenade
Am Steg
Ufergasse
Futterstr.
Völklingen
Saarbrücken-Luisenbrücke
Kultus-ministerium
Gärtner-str.
Hohenzollernstr.
Hohenzollernstr.
St. Jakob
Eisenbahn-str.
SB-Wilh.-Heinr.-Brücke
Dudweiler
Zum Stiefel
Goebenstr.
Heuduckstr.
Stengelstr.
Staats-kanzlei
Betzen
Am Stadt.
Saar-kran
Ludwigskirche
Am Palais Freital
Friedens-kirche
Ludwigspl.
Zum Adler
Haus Doeben
Palais Bode
Deutschherrenstr.
Vorstadtstr.
Nanteser-platz
Altneug.
Alte Brücke
Tbilisser Platz
Deutschherren-kapelle
Triller
Trillerweg
Schloss-str.
Am Schlossbg.
Deutschherrenhaus
1 Schlosskirche (Museum für sakrale Kunst)
2 Kreisständehaus (Mus. f. Vor- u. Frühgeschichte)
Altes Rathaus
Schloss
Hist. Museum Saar
Villa Weismüller
Pfählerstiftung
Alter Friedhof
Dellengsrtenstr.
Narzissenstr.
Erbprinzen-palais
Talstr.
Franz-
Bruch-schnei-dersdell
Am Ordensgut
Forbacher Str.
Metzer Str.
Nelkenstr.
Fliederstr.
ALT-SAARBRÜCKEN
Hotel am Triller
Schloss-garten
Villa Obenauer
Trillerweg
Lutustein und Flakhelfer-Gedenk-stätte
Victor's Residenz Hotel
Lilienstr.
Spichererbergstr.
Zeppelinstr.
Am Hagen
Stieringer Str.
Rodenhoferdell
Charlotten-
Lilienthalstr.
Höhenpfad
Nußberg
Bellevue
Papestr.
Lerchesflurweg
Lohmeyerstr.
Reppersberg
41
Ehrentalweg
Feldmanns
Metzer Str.
Sonnen-weg
Spichererbergstr.
W
Spicherer Höhen, Forbach, Metz
Lothringer Str.
Diedenhofer Str.
Am Franzensbrunnen
Hohe Wacht
Feldmannstr.
Petersberg
Tiroler Weg
Hohe Wacht
Birkenstr.
Theodor-Heuss-Str.
In der Galgendell
Tennishalle
Harthweg
Weinbergweg
Saarbrücken
0
250
500 m

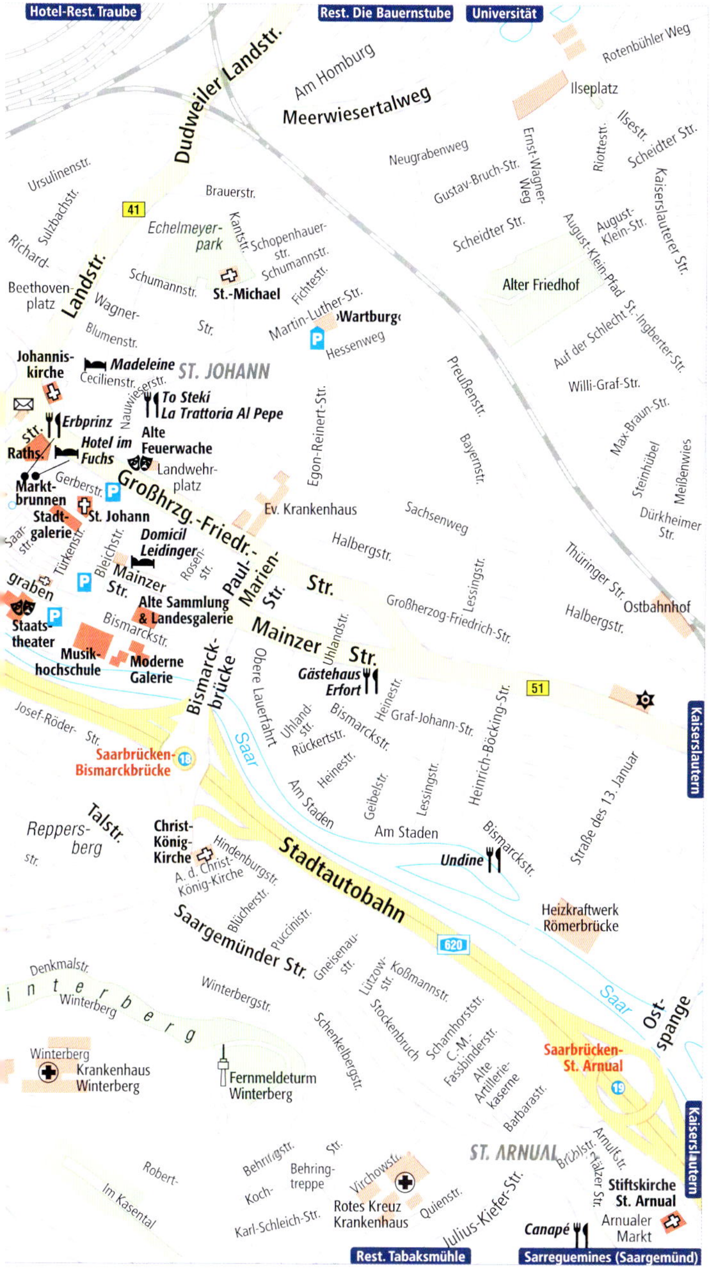

Hotel-Rest. Traube
Rest. Die Bauernstube
Universität
Dudweiler Landstr.
Am Homburg
Meerwiesertalweg
Rotenbühler Weg
Ilseplatz
Ilsestr.
Riottestr.
Scheidter Str.
Kaiserslauterer Str.
Ernst-Wagner-Weg
Neugrabenweg
Gustav-Bruch-Str.
Ursulinenstr.
Sulzbachstr.
Brauerstr.
41
Echelmeyer-park
Kantstr.
Schopenhauer-str.
Schumannstr.
Fichtestr.
Scheidter Str.
August-Klein-Str.
August-Klein-Pfad
Alter Friedhof
Richard-Wagner-Str.
Beethoven-platz
Landstr.
Schumannstr.
St.-Michael
Martin-Luther-Str.
Wartburg
Hessenweg
St.-Ingberter-Str.
Auf der Schlecht
Blumenstr.
Johannis-kirche
Madeleine
Cecilienstr.
ST. JOHANN
Nauwieserstr.
To Steki
La Trattoria Al Pepe
Preußenstr.
Willi-Graf-Str.
Max-Braun-Str.
Erbprinz
Alte Feuerwache
Egon-Reinert-Str.
Bayernstr.
Steinhübel
Meißenwies
Raths. str.
Hotel im Fuchs
Landwehr-platz
Markt-brunnen
Gerberstr.
Großhrzg.-Friedr.-Str.
Ev. Krankenhaus
Sachsenweg
Dürkheimer Str.
Stadt-galerie
St. Johann
Saar-str.
Türkenstr.
Bleichstr.
Domicil Leidinger
Rosenstr.
Halbergstr.
Paul-Marien-Str.
Thüringer Str.
graben
Mainzer Str.
Alte Sammlung & Landesgalerie
Großherzog-Friedrich-Str.
Lessingstr.
Ostbahnhof
Halbergstr.
Staats-theater
Bismarckstr.
Musik-hochschule
Moderne Galerie
Bismarck-brücke
Obere Lauerfahrt
Mainzer Str.
Uhlandstr.
Gästehaus Erfort
Heinestr.
51
Graf-Johann-Str.
Heinrich-Böcking-Str.
Kaiserslautern
Josef-Röder-Str.
Saar
Uhland-str.
Rückertstr.
Bismarckstr.
Saarbrücken-Bismarckbrücke
18
Heinestr.
Am Staden
Geibelstr.
Lessingstr.
Straße des 13. Januar
Talstr.
Reppers-berg
str.
Christ-König-Kirche
Hindenburgstr.
A. d. Christ-König-Kirche
Am Staden
Stadtautobahn
Undine
Bismarckstr.
Blücherstr.
Puccinistr.
Saargemünder Str.
Heizkraftwerk Römerbrücke
620
Denkmalstr.
Winterberg
Winterbergstr.
Gneisenau-str.
Lützow-str.
Koßmannstr.
Stockenbruch
Scharnhorststr.
C.-M.-Fassbinderstr.
Alte Artillerie-kaserne
Saar
Ost-spange
Saarbrücken-St. Arnual
19
Schenkelbergstr.
Krankenhaus Winterberg
Fernmeldeturm Winterberg
Barbarastr.
ST. ARNUAL
Brühlstr.
Arnulfstr.
Pfälzer Str.
Robert-Koch-Str.
Im Kasental
Behringstr.
Behring-treppe
Karl-Schleich-Str.
Virchowstr.
Rotes Kreuz Krankenhaus
Quienstr.
Julius-Kiefer-Str.
Stiftskirche St. Arnual
Arnualer Markt
Canapé
Kaiserslautern
Rest. Tabaksmühle
Sarreguemines (Saargemünd)

mittwochs, freitags und samstags bringt der Wochenmarkt zusätzliches Leben in die Altstadt. Von hier aus kann man aufbrechen zu einem kleinen historischen **Rundgang** durch die Stadtkerne von **St. Johann** und **Alt-Saarbrücken:**

Durch einen Innenhof geht es zunächst in die **Stadtgalerie** (St. Johanner Markt 24, www.kulturbesitz.de, Di, Do–So 11–19, Mi 12–20 Uhr), die in ihren alten Mauern zeitgenössische, experimentelle Kunst zeigt. Direkt um die Ecke liegt die **Basilika St. Johann,** Stengels (einzige) katholische Kirche, 1758 eingeweiht, mit prächtiger, aber keineswegs überladener Innenausstattung.

Kulturmeile am Saarufer: Geht man weiter in Richtung Saarufer, stößt man zunächst auf die **Moderne Galerie des Saarland Museums** (Bismarckstr. 11-15, www.saarlandmuseum.de, Di, Do–So 10–18, Mi 10–22 Uhr). In ihrer ständigen Sammlung sind Werke der deutschen und französischen Impressionisten sowie bedeutender Maler des abstrakten Informel zu sehen, außerdem Skulpturen von Rodin, Matisse und Archipenko, dazu mehrmals jährlich interessante Wechselausstellungen. Zum Museum gesellt sich die **Musikhochschule** (Bismarckstr. 1, www.hfm.saarland.de). Hier finden während des Semesters auch öffentliche Konzerte statt. Der dritte Bau im »Kultur-Bunde« ist der markante säulenbewehrte Bau des **Saarländischen Staatstheaters** (s. S. 74f.).

Schloss und Schlossplatz: Die **Alte Brücke** hinter dem Staatstheater überbrückt die Saar und die Stadtautobahn für Fußgänger und Radfahrer. Am anderen Ufer führt eine Gasse hoch zum

Schlossplatz, dem historischen Zentrum von Alt-Saarbrücken. Leicht erhöht am östlichen Ende des Platzes erstreckt sich das **Schloss** auf den Grundmauern der Burg Sarabruca. Im 17. Jh. folgte ein Renaissanceschloss, das zerstört wurde. Stengel bebaute dann im 18. Jh. das Burgplateau völlig neu – mit einem Barockschloss als Mittelpunkt der neuen Residenz. In seiner heutigen Form ist das Schloss eine Mischform aus Stengel, dessen Nachfahren und dem Kölner Architekten Gottfried Böhm, der das Bauwerk 1989 mit einem neuen, modernen Mittelbau aus Glas und Stahl versah. In der oberen Etage gestaltete er einen prächtigen Festsaal mit Blick über die Saar. Das Schloss – heute Sitz des Regionalverbandes Saarbrücken und Veranstaltungsstätte – ist umgeben vom **Schlossgarten,** von dessen Schlossmauer aus man den schönsten Blick auf die Saar und die gesamte Innenstadt hat (kostenlose Schlossführungen Sa, So 15 Uhr).

Sonntags ans Schloss …

… in Saarbrücken. Dort kann man problemlos den ganzen Tag verbringen – mit der kompletten Familie: Um 11 Uhr geht's los mit Blues, Jazz oder Rock auf der Open-Air-Bühne im Schlossgarten, gleichzeitig spukt das Schlossgespenst für die Kinder. Um 15 Uhr gibt's dann »Kultur für Kids« im Schlosskeller und Schlossführungen für Erwachsene. Um 18 Uhr folgt eine musikalische Soirée mit Folk, Jazz und Chanson – und all das ist kostenlos! (Juni–Sept., Info-Tel. 06 81/506 13 13, www. regio nalverband-saarbruecken.de)

Rings um den Schlossplatz gruppieren sich weitere Stengel-Gebäude wie das Erbprinzenpalais und das Alte Rathaus. Zudem finden sich hier mehrere bedeutende Museen:

Historisches Museum Saar:
Schlossplatz 15,
www.historisches-museum-saar.de,
Di, Mi, Fr, So 10–18, Do 10–20,
Sa 12–18 Uhr.
Hier sind die verschlungenen Sonderwege des Saarlandes vom Ersten Weltkrieg bis Ende der 1950er Jahre eindrucksvoll dokumentiert. Im Keller kann man überdies in den freigelegten Fundamenten aus der Renaissancezeit die Entwicklung von der Burg zum Schloss nachvollziehen.

Das Saarbrücker Schloss – markante Mischung aus Barock und Moderne

Hotel mit Theater

Das Hotel Domicil Leidinger sorgt selbst für die Abendunterhaltung seiner (aber auch fremder) Gäste: Das hauseigene Domicil-Theater präsentiert Kabarett, Jazz, Chanson, Dinner-Spektakel etc. (Mainzer Str. 10, Tel. 06 81/ 932 70, www.domicil-leidinger. de).

House, Hip-Hop, Soul, R&B in alter Brauereihalle.
N8Werk: St. Johanner Str. 38, www.n8werk.de, Fr/Sa ab 22 Uhr. Bunter Stilmix, Themenpartys in ehemaligem Kino.

Einkaufen

Wochenmarkt: am St. Johanner Markt Mo, Mi, Fr; Sa Bauernmarkt; an der Ludwigskirche Di, Sa
Flohmarkt: März–Nov. 2. Sa im Monat (unterhalb der Schlossmauer)

Feste und Unterhaltung

Filmfestival Max Ophüls: Mitte Jan., www.max-ophuels-preis.de, s. S. 16
Festival Perspectives: Mitte Mai, www.perspectives-sb.de, deutsch-französisches Theaterfestival
Halberg-Open-Air: letzter Schultag vor den Sommerferien, s. S. 15
Altstadtfest: Anfang/Mitte Juli
Saar-Spektakel: Anfang Aug., s. S. 17
Sommerszene: Mitte der Ferien, www.sommerszene.de, Straßentheater am Schloss
Electricity-Festival: Anfang Okt., www.electricity-festival.de, Techno, Triphop, Drum 'n' Bass vom Feinsten.
Jazz Transfer International: Mitte Nov., www.jazz-syndikat.de. Dialog der Jazz-Stile an diversen Spielorten in der Stadt.

Tourist Information der Region Saarbrücken:
Rathaus St. Johann,
66111 Saarbrücken,
Tel. 06 81/93 80 90, Fax 938 09 39,
tourist.info@kontour.de,
www.die-region-saarbruecken.de,
Mo–Fr 9–18, Sa 10–16.30 Uhr

Hotel Madeleine: Cecilienstr. 5,
Tel. 06 81/322 28, Fax 37 47 04,
www.hotel-madeleine.de, ab 75 €.
Sympathisches Haus am Rande des Nauwieser Viertels.
Hotel Bayrischer Hof: St. Ingberter Str. 48, Tel. 06 81/958 28 40,
Fax 95 82 84 44,
www.bayrischerhof-sb.de, ab 89 €.
Haus mit Charme und Stil in ruhiger Lage im Wohngebiet Rothenbühl.
Hotel im Fuchs: Kappenstr. 12,
Tel. 06 81/959 11 01, Fax 959 11 03
www.hotel-im-fuchs.de, ab 98 €.
Kleines, originelles Haus in der St. Johanner Fußgängerzone.
Domicil Leidinger: Mainzer Str. 10–12, Tel. 06 81/932 70, Fax 380 13,
www.domicil-leidinger.de,
ab 118 €, am Wochenende ab 88 €.
Stilvolles, gediegenes Stadthotel am Rande der St. Johanner Altstadt, zentral, dennoch relativ ruhig. Tiefgarage. Mediterrane Küche im Restaurant **S'Olivo** im Hause. Hauptgerichte 6–25 €, günstige Mittags- und Abendmenüs.
Victor's Residenz Hotel:
Deutschmühlental,
Tel. 06 81/58 82 10, Fax 58 82 11 99,
www.victors.de, ab 140 €.
Schön und ruhig gelegen am Rande des Deutsch-Französischen Gartens. Zimmer zur Gartenseite buchen!
Hotel am Triller: Trillerweg 57,
Tel. 06 81/58 00 00, Fax 58 00 03 03,
www.hotel-am-triller.de, ab 144 €.

Familiär geführtes Designhotel (mit Themenzimmern wie »Moulin Rouge« oder »Yellow Submarine«), citynah, in schöner, ruhiger Lage. Bio-Restaurant mit leichter, mediterraner Küche. Hauptgericht ab 17,50 €.

La Résidence: Faktoreistr. 2, Tel. 06 81/388 20, Fax 388 21 85, www.la-residence.net, ab 160 €. Businesshotel mit allem Komfort in zentraler Lage am Ufer der Saar.

Gasthaus zum Stiefel/ Stiefelbräu: Am Stiefel 2, Tel. 06 81/93 64 50, Hauptgerichte 8–15 €. Traditionsreiches Brauereigasthaus der Familie Bruch (seit 1702) am St. Johanner Markt – und gleich daneben die eigene Gasthausbrauerei. Frisches Bier zu deftigen (auch saarländischen) Gerichten. Kleiner, schöner Biergarten.

Leib und Seele: Nauwieserplatz 5, Tel. 06 81/595 35 57, kein Ruhetag, Hauptgericht 4,50–16,50 €. Leckere »Querbeet-Küche«: Tapas, Pfannkuchen, Fisch, Steaks, Exotisches. Große Außenterrasse.

La Bastille: Kronenstr. 1, Tel. 06 81/310 64, Hauptgericht 8–16 €. Leckere Bistro-Küche, Terrasse, nahe am St. Johanner Markt. Spezialität: frischer Dibbelabbes!

Zum Adler: Deutschherrenstr. 2, Tel. 06 81/528 41, kein Ruhetag, ab 18 Uhr, Hauptgerichte 8–18 €. Ältestes Gasthaus der Stadt in barockem Stengel-Bau. Französische Bistroküche, Pizza und Pasta in lebhaft-gemütlicher Atmosphäre.

Restaurant Undine: Bismarckstr. 129, Tel. 06 81/621 32, kein Ruhetag, Hauptgericht 8–18 €. Gutbürgerliches, preiswertes Restaurant. Schöner Biergarten mit Blick auf die Saar.

Tabaksmühle: Julius-Kiefer-Str. 146, Tel. 06 81/985 19 30, So Abend geschl., Hauptgerichte 8–18 €. Beliebtes Ausflugslokal am Tabaksweiher in St. Arnual. Gutbürgerliche Küche (auch saarländische Spezialitäten) und ein viel besuchter Biergarten am Weiher. Im Almet dahinter kann man spazieren gehen und Rad fahren.

La Trattoria Al Pepe: Nauwieserplatz 3, Tel. 06 81/910 25 16, Mo geschl., Hauptgericht 7–19 €. Gute Pizza, Pasta, Salate. Mit Außenterrasse.

Le Bouchon: Am Staden 18, Tel. 06 81/685 20 60, Sa Mittag, So und Mo Mittag geschl., Hauptgericht 10–20 €. Legerer Franzose mit leckerer Bistro-Küche. Schöne Sommerterrasse

Hotel-Restaurant Traube: Grülingstr. 101–103, Tel. 06 81/94 85 00, Sa Mittag, So Abend, Mo geschl., Menü ab 20,50 €! Etwas abseits gelegen im Stadtteil Rodenhof, aber mit exzellenten Speisen und Weinen zu fairen Preisen; auch Hotelzimmer.

Schlossgarten: Spichererbergstr. 11, Tel. 06 81/519 85, So, Mo Abend geschl., Hauptgericht 20–34 €. Sehr gute, gehobene Küche in stilvollem Ambiente.

Villa Weismüller – Restaurant Quack: Gersweiler Str. 43a, Tel. 06 81/521 53, www.weismueller-restaurant-quack.de. Sa Mittag und So Abend geschl. Ausgezeichnete Küche im Gourmetrestaurant und in der Brasserie (Hauptgericht 15–30 €, Menü ab 30 €).

Gästehaus Erfort: Mainzer Str. 95, Tel. 06 81/958 26 82, www.gaestehaus-erfort.de,

So, Mo geschl., Menü ab 96 €.
Hier prangen drei Michelin-Sterne! Klaus Erfort bietet in gepflegtem Ambiente Kochkunst in Vollendung.
Die Bauernstube: Hauptstr. 20, SB-Jägersfreude, Tel. 0681/32969, Do geschl., Hauptgericht ab 9 €.
Das saarländische Traditions-»Steakhouse«! Hier wird in rustikaler Atmosphäre über offenem Buchenholzfeuer gegrillt.

Brunchbox: Nauwieserstr. 38a, Tel. 0681/3710540, Mo–Fr 8–17, Sa 9–16 Uhr, Gerichte ab 3,50 €.
Frühstück und kleine Snacks in der Box; werden im Café serviert oder nach Hause oder an den Arbeitsplatz geliefert.

Ziele in der Umgebung

Spicherer Höhen (F 7): Wenn man hinter dem Deutsch-Französischen Garten weiter Richtung Grenze fährt, zweigt kurz vor dem ehemaligen Grenzübergang »Goldene Bremm« eine kleine Straße links ab und führt in einigen Kurven hoch zu den Spicherer Höhen in Frankreich. Dort mahnen Bunkerreste, Gedenkkreuze und Kriegerdenkmäler an die Schlacht auf den Spicherer Höhen, bei der am 6. August 1870 mehrere tausend deutsche und französische Soldaten ums Leben kamen. Heute ist das sonnige Plateau am Waldrand friedvoller Treffpunkt für Spaziergänger, Jogger oder Radfahrer. Und alle freuen sich auf die anschließende obligatorische Einkehr im Traditions-**Gasthaus Woll:** Hauteurs du Spicheren, Tel. 0033/387853102, Mo geschl., Di bis 17 Uhr geschl. Unter deutscher Leitung wird dort französische Bistroküche serviert (8–18 €), im Sommer auch im Biergarten unter alten Kastanien.
Urwald vor den Toren der Stadt: (Scheune Neuhaus, s. a. Tour 2, S. 110f.). Welche Stadt hat so etwas schon zu bieten? Der Urwald im Steinbach- und Netzbachtal zwischen Fischbach und Riegelsberg im Norden von Saarbrücken ist ein bundesweit einmaliges Naturschutzprojekt. Er ist zwar erst ein paar Jahre alt, wird aber von Jahr zu Jahr »wilder«, weil er nicht mehr bewirtschaftet wird. Man kann ihn auf einem eigens angelegten Urwaldpfad erkunden, man kann ihn aber auch ganz gesittet auf normalen Wanderwegen durchstreifen. Der günstigste »Einstieg« (mit Parkplatz) ist am Forsthaus Neuhaus. In der Nähe befindet sich auch das »Urwaldbüro«, das viele interessante Veranstaltungen für Groß und Klein anbietet (Tel. 06806/102427, www.saarurwald.de). Einen Besuch wert ist auch die in edlem Holzdesign gestaltete **Ausflugsgaststätte Forsthaus Neuhaus** (Tel. 06806/994566, Mo geschl., Hauptgericht 8–26 €) mit Speisen von der einfachen Vesper über saarländische Spezialitäten bis zum mediterranen Menü. Einfacher, aber ebenfalls gut isst man im nahen, preiswerten **Naturfreundehaus Kirschheck** (Steinbachweg 10, Tel. 0681/74777, Di–So 10–22 Uhr).

Nach Saargemünd

Für einen Abstecher von Saarbrücken nach Saargemünd nimmt man am besten die Saarbahn. Zusteigen kann man an jeder Saarbahn-Haltestelle in Saarbrücken. Die Bahnen fahren, je nach Wochentag und Tageszeit, im 30–60-Minuten-Takt. Fahrtzeit von SB-City bis Bahnhof Saargemünd ca. 25 Min.

Saargemünd/ Sarreguemines (G/H 8)

Die charmante lothringische Grenzstadt an der Mündung von Saar und Blies (24 000 Einwohner) ist seit 1790 ein Zentrum der Porzellanmanufaktur, das seine Blütezeit Ende des 19. bis Mitte des 20. Jh. hatte. Zeugnisse aus dieser Zeit sind das auffallende Gebäude des Casinos am Saarufer mit seinen Jugendstilfresken aus Keramik an der Außenfassade und das Historische Museum in der Stadtmitte (s. u.). Besonders lebhaft und stimmungsvoll geht es in der City von Saargemünd an den Markttagen zu (Di, Fr 7–12 Uhr).

Sehenswert

Historisches Museum:
17, rue Poincaré,
www.sarreguemines-museum.com,
tgl. außer Di 10–12, 14–18 Uhr.
Hier sind die schönsten Stücke der Fayencerie ausgestellt. Höhepunkt ist zweifellos der große Wintergarten mit seinen üppigen Jugendstilmotiven.

Museum für Steingut-Technik:
in der Wackenmühle an der Blies (125, Avenue de la Blies),
tgl. außer Di 10–12, 14–18 Uhr.
Das Museum veranschaulicht den Prozess der Keramikproduktion von der Herstellung der Form über das Brennen bis zum Auftragen des Dekors. Ein spezieller Steingut-Rundgang verbindet die beiden Museen noch mit einem historischen Keramikbrennofen, Arbeitersiedlungen und einem Steingutladen (Rue du Colonel Cazal, Di–Sa 9–12, 14–18 Uhr).

Office de Tourisme:
11, rue du Maire Massing,
F-57203 Sarreguemines,
Tel. 00 33/387 98 80 81,
Fax 387 98 25 77,
www.sarreguemines.com.
Info, Broschüren, Führungen (für Gruppen) auch auf Deutsch.

Jugendstil am Saarufer: das Casino in Saargemünd

und Mo Mittag geschl., Hauptgericht ab 20 €).

Akzent-Hotel Posthof: Postgässchen 5–10,
Tel. 068 31/949 60, Fax 94 96 11,
www.akzent.de, ab 90 €.
Gemütliches Haus in der Altstadt.

Chez Eric (Escargot): Handwerkerstr. 5, Tel. 068 31/768 96 93, So geschl., Hauptgericht ab 12,50 €.
Kleines charmantes Altstadt-Bistro mit exzellenter Küche, Biergarten.

Marschall Ney: Bierstr. 13,
Tel. 068 31/484 93, Mo geschl., Hauptgericht ab 7,50 €.
Stilvolles Altstadtlokal im Geburtshaus des Saarlouiser Napoleon-Generals Michel Ney.

Ziele in der Umgebung

Bergehalde Ensdorf (E 5): Zugang über die alte B51 beim Bergwerk Ensdorf oder ab Parkplatz Sportanlagen Ensdorf. Wie ein kleiner Vulkankegel ragt im Stadtteil Ensdorf die 150 m hohe, begrünte Bergehalde Duhamel aus dem Saartal. Sie besteht jedoch nicht aus vulkanischem Gestein, sondern aus dem Schuttmaterial des Bergwerks Ensdorf, das seit den 1960er Jahren hier aufgetürmt wurde. Von der Aussichtsplattform hat man einen schönen Rundblick, u. a. auf die Grube Ensdorf. Am Südwesthang ist ein kleiner Weinberg angelegt worden, hier wächst also der einzige »echte« Saarwein im Lande! Kunstprojekte saarländischer Künstler setzen auf der Halde zusätzliche Akzente.

Litermont: Der sagenumwobene Berg bei Nalbach (E 4) ist ein beliebtes Ausflugsziel der Region. Am Gipfelkreuz hat man einen grandiosen Ausblick auf das Prims- und Saartal. Vom Berg führt ein geologischer Wanderweg nach Beckingen-Düppenweiler mit einem interessanten **Historischen Kupferbergwerk** (Düppenweiler, Piesbacher Straße, Tel. 068 35/551 05, 1. April–31. Jan. Fr–So 14–18 Uhr u. n. V. Im »Huthaus«

Saarlouis blickt auf eine lange Geschichte als Garnisonsstadt zurück

gibt es eine zünftige Bergmannsvesper (Mi, Fr 16–22 Uhr, So 14–19 Uhr, Tel. 068 32/80 83 70. Die »Litermont-Gipfeltour« ist eine der schönsten Premium-Wanderungen des Landes. Sie »gipfelt« gern im urigen Restaurant **Margrets Bauernstube,** Litermont 22, Tel. 068 32/80 08 04, Mo, Di, Sa Mittag geschl. Frische ländliche Küche auf gehobenem Niveau, Hauptgericht ab 10 €. Oder auch im **Hotel-Restaurant Maldix**, Nalbach, Am Litermont, Tel. 068 38/899 70, gutbürgerliche Küche (ab 8 €), einfache, gemütliche Zimmer (60–70 €).

St. Ingbert (H 6)

Auch in dieser Stadt im Saarpfalz-Kreis (38 000 Einwohner) herrscht, wie vielerorts im Saarland, ein ganz besonderes Spannungsverhältnis zwischen Industrie, Kultur und Natur: Am Stadtrand verweist ein ehemaliger Bergwerksstollen (heute Besucherbergwerk) auf die Bedeutung der Kohlegruben in St. Ingbert und Umgebung. Und die nahe Werkssiedlung »Auf der Schmelz« mitten auf dem Gelände eines ehemaligen Eisenwerks ist typisch für die einst praktizierte Einheit von Arbeiten und Wohnen in einem patriarchalisch geführten Großunternehmen des 18./19. Jh. Direkt hinter dem Industrierevier taucht man gleich wieder ein in dichte Wälder mit bizarren Sandsteinfelsen am Wegesrand. In der ansehnlichen Fußgängerzone in der Stadtmitte herrscht munteres Treiben.

Sehenswert

Alte Baumwollspinnerei:
Wollbachstraße, Eröffnung geplant Ende 2009, Tel. 06 81/985 06 04, www.alte-baumwollspinnerei.de

Faszination Hochofen

Ein atemberaubendes Schauspiel bietet sich beim Besuch eines modernen, produzierenden Hüttenwerks: Feuer speiende Hochöfen, zischende Walzwerke, dröhnende Schmieden. Besichtigungen sind in der Regel nur für schriftlich angemeldete Gruppen möglich: Dillinger Hütte, Werksbesucherdienst, Tel. 068 31/ 47 28 01, Fax 47 30 78, www.dillinger.de (ab 16 Jahre). Saarstahl AG Völklingen, Abt. 861, Tel. 068 98/10 30 38, Fax 10 40 24, www.saarstahl.com. Hier haben auch Einzelbesucher evtl. die Möglichkeit, sich einer Gruppe anzuschließen (nur nach tel. Voranmeldung, ab 14 Jahre).

In der ehemaligen Fabrikanlage am Rande des Stadtzentrums entsteht eines der interessantesten Kunstprojekte des Landes: eine Galerie zeitgenössischer Kunst, »gemanagt« von Studenten der Saarbrücker Kunsthochschule. Und eine spannende neue Heimstätte für die **Albert-Weisgerber-Sammlung.** Der Maler wurde 1878 in St. Ingbert geboren und bildete sich in München und Italien sowie in Paris fort, wo er zum Künstlerkreis um Matisse gehörte. Er malte beeinflusst von den Impressionisten wie auch den Expressionisten, ohne sich auf eine Stilrichtung festlegen zu lassen. Die Sammlung umfasst 70 Werke, die einen guten Überblick über das Schaffen des Künstlers geben, der schon 1915 als Soldat im Ersten Weltkrieg starb.

Werk und Siedlung »Alte Schmelz«: frei zugänglich; Führungen für Gruppen: Initiative

Alte Schmelz, Tel. 068 94/346 89.
Am westlichen Stadtrand steht ein Industrieensemble, wie es in dieser Geschlossenheit nur noch selten anzutreffen ist. Den Mittelpunkt bilden die aus verschiedenen Epochen stammenden Produktionshallen des Eisenwerks. Die Möllerhalle von 1750 ist das älteste erhaltene Industriegebäude an der Saar. Anfang des 18. Jh. folgten das spätbarocke Herrenhaus als Sitz des Fabrikanten und – quasi in Sichtweite – die Werkssiedlung mit Arbeiter-, Angestellten- und Meisterhäusern, alle mit Nutzgarten und Stall hinter dem Haus. Sie wurden jüngst restauriert und sind inzwischen wieder bewohnt, z. T. von ehemaligen Beschäftigten des Werks. Dahinter steht noch das große Schlafhaus für die Arbeiter, die von auswärts zur Arbeit kamen. Die mächtige Halle der Mechanischen Werkstatt ist als stimmungsvoller Konzertsaal neu entdeckt worden.

Besucherbergwerk Rischbachstollen: Am Grubenstollen 13,
Tel. 068 94/169 04 90 (s. Tipp »Das Saarland unter Tage«, S. 43)

Großer Stiefel: IGB-Sengscheid, Weg dort ausgeschildert. Der kleine steile Bergrücken ist wegen seiner eindrucksvollen Sandsteinfelsen ein beliebtes Ausflugsziel. Ein besonders markanter Felsen oben auf der Kuppe hat durch Wind und Wetter die Form eines Riesenstiefels bekommen. Der nahe, noch prägnantere »Teufelstisch« hingegen ist vermutlich Menschenwerk, möglicherweise diente er als keltische Kult- und Opferstätte.

Sport und Freizeit

Das Blau: Am Mühlwald,
Tel. 068 94/955 25 00,
Di–Fr 8–22 Uhr, Sa, So 8–20 Uhr,
www.das-blau.de
Schönes großes Familien- und Sportbad mit Innen- und Außenbecken und großer Wellness-Landschaft.

Einkaufen

Wochenmarkt: Mi, Sa 7–12 Uhr.
Kenner nennen diesen Markt den stimmungsvollsten im Lande.

Feste und Unterhaltung

Internationales Jazz-Festival: Mitte März, hochkarätige Besetzung, interessanter Stilmix

Ingobertusfest: 1. Juli-Wochenende, traditionelles Stadtfest

St. Ingberter Pfanne: Anfang Sept., einwöchiger Wettbewerb um den begehrten Kleinkunstpreis der Stadt – ein deutschsprachiges Pointenfeuerwerk

Stadt St. Ingbert:
Am Markt 12, 66386 St. Ingbert, Tel. 068 94/13-514, www.sankt ingbert.de

Hotel-Restaurant Goldener Stern:
Ludwigstr. 37, Tel. 068 94/926 20,
Fax 92 62 25, www.hotel-goldener stern.de, ab 72 €..
Sympathisches Hotel in der Stadtmitte. Restaurant und Gaststube mit feiner regionaler Küche (Hauptgericht 9–23 €).

Hotel-Restaurant Sengscheider Hof: Zum Ensheimer Gelösch 30,
IGB-Sengscheid, Tel. 068 94/98 20,
www.sengscheiderhof.de, ab 115 €.
Ruhige Zimmer in schöner Lage. Gourmetrestaurant mit Terrasse im Grünen (ab 18 Uhr, So geschl. Hauptgericht 19–29 €).

Stadtkrug: Poststraße 33,
Tel. 068 94/921 89 98, Sa Mittag, So Abend geschl., Hauptgericht ab 8 €.

Vietnam meets Saarland! Klingt gewagt, gelingt aber gut und günstig!

La Trattoria del Postillione: Neue Bahnhofstr. 2, Tel. 068 94/38 10 61, So geschl., Hauptgericht ab 10 €. Gehobene italienische Küche im St. Ingberter Bahnhof.

Alte Brauerei: Kaiserstr. 101, Tel. 068 94/928 60, Di und Sa Mittag geschl., Hauptgericht ab 16 €. Brauereigasthaus aus dem 18. Jh. Schöne Terrasse zum Stadtpark.

10 Highlight

St. Wendel (H 3)

Ein volkstümlicher Heiliger und Jahrhunderte später eine charmante Fürstin haben das Bild der heutigen Kreisstadt (27 000 Einwohner) geprägt. St. Wendelin kam der Sage nach im 7. Jh. aus Schottland, um hier als Einsiedler und Missionar zu leben und zu wirken. Er ist seit über 1000 Jahren im »Wendelsdom« begraben, dem mächtig in der Stadtmitte aufragenden Wahrzeichen der Stadt und Ziel zahlreicher Pilger aus halb Europa. Herzogin Luise von Sachsen-Coburg-Gotha kam im Jahr 1824 hierher, um mit leichter Hand ihr kleines Fürstentum Lichtenberg an der Oberen Blies zu regieren, das der Wiener Kongress ihrem Herrscherhaus zugeschlagen hatte. St. Wendel war ihre Residenz, so manches Gebäude rings um den »Dom« trägt heute noch ihre Handschrift. Das moderne St. Wendel hat als besonders familienfreundliche Region und als internationales Radsport-Zentrum auf sich aufmerksam gemacht.

Sehenswert

Stadtbild: Die Häuser am Fruchtmarkt und die dominierende Kirche bilden das zentrale Ensemble in der Altstadt. Die schönen Bürgerhäuser aus aus dem 18. und 19. Jh. rund um die Kirche sind teils restauriert, teils vergammeln sie zusehends. Im ehemaligen Schloss der Herzogin Luise um die Ecke befindet sich heute das Rathaus. Der einheimische Bildhauer Leo Kornbrust hat Straßen, Treppen und Durchgänge so gepflastert, dass alle historischen Gebäude optisch miteinander verbunden sind.

Basilika St. Wendalinus: tagsüber geöffnet, Eingang linke Seitentür. Das spätgotische Gotteshaus besticht innen durch die warme, rostrote Ausmalung von Teilen des Chors und des Kirchenschiffs mit seinen schlanken Rundpfeilern. Sehenswert sind die Steinkanzel und im hinteren Chorraum der reich ornamentierte Sarkophag des Heiligen.

Wahrzeichen der Stadt: die Basilika St. Wendalinus

Museum St. Wendel: Mia-Münster-Haus, Di–Fr 10–13 (Do bis 18), Sa 14–16.30, So, Fei 14–18 Uhr.
Das moderne Pavillongebäude beherbergt ein kleines Museum zur Stadtgeschichte. Themen sind u. a. der Wendalinus-Kult und das Fürstentum Lichtenberg. Im größeren Raum finden wechselnde hochrangige Kunstausstellungen (Schwerpunkt Bildhauerei) statt.

Sport und Freizeit

Wendelinus-Park: Welvertstr. 2, Tel. 068 51/99 88 00, www.wendelinuspark.de.
Auf dem Gelände der ehemaligen französischen Kasernen ist eine große Fun-Sport- und Wellnessanlage entstanden, mit Hotel-Restaurant, Hallenbad, einem der größten Skate-Parks in Europa und einem 5 km langen (nachts beleuchteten) asphaltierten Sportparcour für Jogger, Radfahrer und Inline-Skater. Außerdem gibt es einen 27-Loch-Golfplatz und einen 9-Loch-Kurzplatz für jedermann. Im »Robinson Wellfit« (Tel. 068 51/97 98 50) stehen ein großes Fitnessstudio und eine Saunalandschaft zur Verfügung.
Premium-Wanderweg Tiefenbachpfad: Am Wendelinushof ist Start und Ziel eines wunderbaren, abwechslungsreichen Wanderweges um den Bosenberg. Am Ende kann man zünftig einkehren in der Hofküche und Bio-Produkte einkaufen im Hofladen des Wendelinushofes (s. a. Tour 4, S. 114f).
Stadtführungen: jeden Sa 11 Uhr ab Basilika (kostenlos)

Tourist-Info Stadt St. Wendel: Bahnhofstr. 15, 66606 St. Wendel, Tel. 068 51/77 88, www.sankt-wendel.de

Hotel Angel's: Fruchtmarkt 5–9, Tel. 068 51/99 90 00, Fax 99 90 01, www.angels-dashotel.de, 92–124 €.
Schöne, individuelle Zimmer in drei top-renovierten Altstadthäusern mit Blick auf die Basilika, großes Wellness-Angebot, Fahrradverleih. Im angeschlossenen **Café-Bar-Restaurant »Luise«** kann man je nach Tageszeit frühstücken, sehr gut essen, Kaffee trinken oder sich an der Cocktailbar vergnügen. Kein Ruhetag, Hauptgericht 8–28 €.
Dom Hotel: Carl-Cetto-Str. 4–6, Tel. 068 51/27 37, Fax 25 96, www.domhotel-st-wendel.de, ab 56 €.

Tholey: Am Fuße des Schaumbergs steht das älteste Kloster Deutschlands

Ebenfalls stilvoll umgebautes Altstadthaus an der Basilika.

Ferien-Gästehaus Auberge Journal: Schillerstr. 3–7, Tel. 068 51/25 78, ab 64 €. Renoviertes Gästehaus des Café Journal in ruhiger Stadtlage.

Zum Ochsen: Balduinstr. 40, Tel. 068 51/75 25, So geschl., Hauptgericht ab 6,50 €. Traditionslokal mit preiswerten, auch saarländischen, Gerichten.

Bistro Wendelin: Schlossplatz 10, Tel. 068 51/90 79 36, kein Ruhetag, Hauptgericht ab 4,50 €. Der Ableger des Gourmetrestaurants Kunz in Bliesen. Große Außenterrasse in der Fußgängerzone.

Restaurant Kunz: WND-Bliesen, Kirchstr. 22, Tel. 068 54/81 45, www.restaurant-kunz.de, Sa Mittag, Mo, Di geschl., Menü 33–110 €. Das gastronomische Highlight im St. Wendeler Land, mit einem Michelin-Stern dekoriert. In der angeschlossenen **Jacobstube** gibt es preiswerte Bistroküche (Hauptgericht ab 12,50 €).

Highlight 11

Tholey (G 3)

Der Luftkurort Tholey (13 000 Einwohner) liegt eingebettet in eine traumhaft schöne Landschaft mit Gehöften, Mühlen und Gasthäusern im nördlichen

Saarland). Am Fuße des Schaumbergs steht das älteste Kloster Deutschlands und im geheimnisumwitterten Wareswald warten römische Ausgrabungen auf Besucher.

Sehenswert

Benediktinerabtei und Kirche St. Mauritius: Marktplatz, Tel. 068 53/910 40, tgl. 7–20 Uhr (Kirche), Führungen n. V.
Nur noch eine Hand voll Benediktinermönche leben im wahrscheinlich ältesten Kloster auf deutschem Boden (seit 634); diese aber geben gerne Auskunft über ihren Orden und das Kloster (mit schönem Abteigarten). Übernachten kann man im Abtei-**Gästehaus Lioba,** wo der gebürtige Franzose Pater Prior Mauritius seine Gäste (auf Vorbestellung) mit exzellenten Menüs verwöhnt (ca. 20 €)! Auch Einkehrtage im Kloster sind möglich.
Museum Theulegium: Rathausplatz 6, Mo–Sa 10–12 u. 14–16.30 Uhr, So 11–13 u. 15–16.30 Uhr, Tel. 068 53/508 80, www.theulegium.de
Hier werden die Schätze der Römer, des Klosters und des Amtes Schaumberg anschaulich ausgestellt.
Johann-Adams-Mühle: Tholey-Theley, Tel. 068 53/17 32, Ostern–Nov. So, Fei 14–18 Uhr, Gruppen n. V.
In einem idyllischen Seitental im Ortsteil Theley klappert noch eine historische (Museums-)Mühle aus dem Jahr 1735 (mit Mahlwerk, Mahl- und Wohnstube). Besonders zünftig geht es zu, wenn in der Mahlstube der 200 Jahre alte Ofen angeheizt wird und jeder Besucher unter fachlicher Anleitung sein eigenes Mühlenbrot backen kann (auch für Einzelpersonen, tel. Anmeldung bei der Tourist-Info, s. u.).

Sport und Freizeit

Schaumbergbad: Zur Schwimmhalle, Tel. 068 53/911 10, www.das-erlebnisbad.de, Mo–Fr 9.30–22, Sa, So, Fei 8–20 Uhr.
Großes, wunderbar gelegenes Sport- und Spaßbad mit Riesenrutsche, Lagunenbecken mit Strömungskanal, beheiztem Außenbecken, 25-m-Sportbecken und großer Saunalandschaft. Das Bad liegt in einem großen (kostenlosen) **Erlebnispark** für Kinder mit Barfußpfaden, Matsch- und Wasserspielplätzen, Dschungelteich und Kletterwand – allem, was Kinderherzen höher schlagen lässt.
Römische Ausgrabungen Wareswald: Varuswaldstraße, Tel. 068 53/50 13 51, www.wareswald.de, April–Sept. Mo–Fr 8–15 Uhr.
Seit 2001 wird hier eine gallo-römische Siedlung ausgegraben. Man kann bei den Grabungen zusehen, aber auch selber mitmachen: zum Ausprobieren drei Stunden (auch für Kinder geeignet) oder einen ganzen Tag (Gruppen bis 25 Pers.).

Tourist-Information: Im Kloster 1, 66636 Tholey, Tel. 068 53/508 14, www.tholey.de

Hotel-Restaurant Schauenburg: Am Schaumberg 19, Tel. 068 53/ 25 88, www.hotel-schauenburg.de, ab 84 €.
Oase der Ruhe am Fuße des Schaumbergs. Gutes Restaurant. Hauptgericht ab 12 €.
Hotel-Restaurant Hofgut Imsbach: Imsbach, Tholey-Theley, Tel. 068 53/50 14-0, www.hotel-hofgut-imsbach.de, ab 90 €.
Malerisch mitten im Wald gelegenes Anwesen aus der napoleonischen Zeit mit Hotel. Restaurant mit guter Küche

Nordic-Walking-Piste am Finkenrech

und großer Terrasse, Hauptgericht ab 8 €.

Hotellerie Hubertus: Metzer Str. 1, Tel. 068 53/910 30, www.hotellerie-hubertus.de, Gourmet-Restaurant (Sa Mittag, So Abend, Mo, Do Mittag geschl.), Menü ab 68 €.

Marktstube »Juneperus« (ab 18 Uhr, Do geschl.), Hauptgericht ab 10 €.

Café Palazzo (So Abend, Mo geschl.) Hauptgericht ab 12 €. Hotel ab 95 €.

Land-Restaurant Huth: Theeltalstr. 18, Tholey-Hasborn, Tel. 068 53/66 24, Di geschl., Hauptgerichte 5–16 €. Ländlich-deftige Hausmannskost im Stammlokal des Dichters Johannes Kühn (»Gasthausgedichte«).

Ziele in der Umgebung

Oberthal: Im Ortsteil Güdesweiler (G/H 2) steht »Millpetersch Haus«, ein altes Bauernhaus in Privatbesitz, liebevoll ausgestattet mit Utensilien des bäuerlichen Alltags, einer Biedermeier-Wohnküche und einem Dorfkaufladen aus den 1940er Jahren (Besichtigung nur nach tel. Absprache: 068 54/61 02). Im Ortsteil Steinberg-Deckenhardt (H 2) lohnt ein Besuch im Restaurant »Zum Blauen Fuchs«: Walhausener Str. 1, Tel. 068 52/67 40, www.zumblauenfuchs.de, Mo u. mittags geschl. außer So, Menü 35–70 €. Exzellente mediterrane Küche in gediegener ländlicher Atmosphäre.

Umwelt- und Freizeitzentrum Finkenrech (G 4): Tholeyer Straße, Eppelborn-Dirmingen, Tel. 068 24/906 14 00, www.finkenrech.de, ganzjährig geöffnet.

Hinter dem etwas spröden Namen verbirgt sich ein großes Blumenparadies in einmalig schöner Lage: Tausende von Rosen geben den (Farb-)Ton an und bestimmen die Duftnote, zu diesen gesellen sich Astern, Dahlien, Lavendel und viele andere Blütenpflanzen. Außerdem gibt es noch jeweils einen speziellen Duft-, Bio-, Obst- und Heidegarten. In der Saison (Mai–Okt.) finden Feste, Erlebnistage für Kinder (»Bauen mit Lehm«) und Thementage mit Tipps für den heimischen Garten statt. Für Nordic-Walking-Fans gibt es einen »Fitness-Park« mit zwei Pisten rund um Finkenrech (auch Kurse).

Eines der schönsten Landhotels Europas: der Linslerhof in Überherrn

Marpingen (G 3): 1876 soll drei jungen Mädchen im Härtelwald die Muttergottes erschienen sein. Seither ist die Marienkapelle im Wald Wallfahrtsort. 1999 gaben erneut drei Frauen zu Protokoll, ihnen sei die Muttergottes erschienen. Seither strömen rund 100 000 Menschen im Jahr nach Marpingen. (Info: Gemeinde Marpingen, Tel. 068 53/911 60).

Überherrn (D 6)

Zur Gemarkung der Gemeinde mit ihren sechs Ortsteilen (12 000 Einwohner) im Landkreis Saarlouis gehört auch die ehemalige mittelalterliche Festung Berus (s. a. Tour 5, S. 116f.) und die Teufelsburg bei Felsberg mit schönem Blick ins Saartal und sommerlichen Ritterspektakeln (Tel. 068 37/744 95, www.teufelsburg1.de). Im »Erdbeergau« zwischen Felsberg und Wallerfangen-St. Barbara kann man von Mai bis Juli an der Straße frische Erdbeeren »aus dem Garten hinter'm Haus« kaufen. Auch das gastronomische Angebot genügt hier höchsten Ansprüchen.

Tourist-Information: Rathausstr. 101, 66802 Überherrn, Tel. 068 36/90 90, www.ueberherrn.de

Hotel-Garni Katharinenhof: Hauptstr. 1, Tel. 068 36/471 30, www.katharinenhof-online.de, ab 65 €.
Kleines, charmantes Hotel in der ehemaligen Dorfschule.
Hotel Felsberger Hof: Metzer Str. 117, Tel. 068 37/90 00-0, www.felsbergerhof.de, ab 61 €.
Gepflegtes Haus mit Beautyfarm.
Hotel-Restaurant Margareten-Hof: Orannastraße, Überherrn-Berus, Tel. 068 36/20 10, www.margaretenhof-hotel.de, 70 €.
Schön gelegenes Haus mit weitem Blick in den Saargau. Wintergarten und Ter-

Live-Style-Gutshof

Im 900 Jahre alten Linslerhof (mit Jagdschule, Reiterhof und Hochzeitskapelle) hat die Live-Style-Expertin Brigitte von Boch eines der schönsten Landhotels Europas eingerichtet!). Auch die Gastronomie hält die Balance zwischen rustikal und anspruchsvoll. Schöner Biergarten unter Kastanien. Kein Ruhetag, Hauptgericht 18–24 €. Ein besonderes Event ist die Messe »Gartenträume« Anfang Mai (Tel. 068 36/ 80 70, Fax 807 17, www.linslerhof.de, Zimmer ab 124 €).

rasse. Im Restaurant wird gutbürgerlich-gehobene Küche serviert (Do geschl., Hauptgericht ab 10 €).
Leib und Seele: An der Port 3, Überherrn-Berus, Tel. 068 36/47 17 99, Mo, Di geschl., Hauptgerichte 4–24,50 €. Kleines gemütliches Restaurant mit frischer, preiswerter Landküche

Völklingen (E 6)

Die Stadt an der mittleren Saar (40 200 Einwohner) war lange Zeit zusammen mit Neunkirchen der große Stahlstandort des Saarlandes, die Völklinger Hütte viele Jahrzehnte eines der größten Stahlwerke in Deutschland. Noch in den 1970er Jahren arbeiteten hier 17 000 Menschen, dann kam die große Stahlkrise. 1986 gingen die Öfen aus, Wut und Depression machten sich breit. Dennoch konnte das weltweit einmalige Hochofenensemble vor dem Abriss bewahrt werden. Seit 1994 genießt es den Status eines UNESCO-Weltkulturerbes, das jedes Jahr mehr Besucher in die von der Schließung der Hütte einst schwer gebeutelte Stadt lockt. Und die Gäste aus aller Welt staunen nicht schlecht, wenn sie in der unmittelbaren Nachbarschaft der »Industriekathedrale« wunderbare Wälder entdecken, die auch wieder viel mit der saarländischen Industriegeschichte zu tun haben.

Highlight 12

UNESCO-Weltkulturerbe Völklinger Hütte: 66302 Völklingen, Tel. 068 98/910 01 00, www.voelklinger-huette.org, Ende März–1. Nov. 10–19 Uhr, 2. Nov.–Ende März nur Gasgebläsehaus (mit Ausstellungen) und »Ferrodrom« 10–18 Uhr. Führungen für Gruppen ganzjährig n. V.; s. a. Tour 2, S. 110f.
Die gewaltige Skyline der Hochofengruppe, die Geschichte von Eisen und Stahl im »Ferrodrom«, das Gebläsehaus mit seinen mächtigen Maschinen als Kulisse für Kunst und Kultur – das alles gehört unbedingt zu einem Besuch an der Saar.

Sehenswert

Versöhnungskirche:
Poststraße (über die Gemeinde, Tel. 068 98/221 37).
Die neobarocke Kirche wurde 1928 nach dem Vorbild der Saarbrücker Ludwigskirche erbaut, als Denkmal für die Stahldynasten Röchling, die hier seinerzeit das Sagen hatten. Sie ließen sich in einem ausladenden Deckenfresko verewigen.
Hugenottenkirche: Völklinger Str. 90, VK-Ludweiler (Schlüssel im Pfarrhaus, Tel. 068 98/45 41).
Die kleine Kirche wurde 1786 von Friedrich-Joachim Stengels Sohn Balthasar gebaut – als vierte Nachfolgekirche für die Hugenotten, die nach ihrer Flucht

Bergehalden

Nicht jede Erhebung im hügeligen Saarland ist der Natur zu verdanken, manche existiert erst seit ein paar Jahrzehnten und wurde von Menschenhand geschaffen: Die Bergehalden waren ursprünglich Schuttplätze für unbrauchbares Gestein aus den Kohlegruben, inzwischen sind sie fast alle begrünt oder von selbst zugewachsen und oft als Halde gar nicht mehr zu erkennen. Unmerklich sind sie Teil der Landschaft geworden. Einige wurden für Besucher zugänglich gemacht wie die Halde Ensdorf (s. S. 82) oder die »Urwaldhalde« beim Forsthaus Neuhaus (s. S. 78). Im Saarkohlenwald bei Saarbrücken gibt es einen richtigen Haldenrundweg. Der führt u. a. auch zu den künstlerisch gestalteten Land-Art-Halden »Grülingstraße« und »Lydia«, auf der man sich wie auf einer unwirklichen Mondlandschaft vorkommt. Einmalig, typisch saarländisch, sollte man sich unbedingt ansehen. www.saarkohlenwald.de/haldenrundweg.

aus Frankreich im Jahr 1604 hier sesshaft geworden waren. Sie begründeten im nahen Warndtwald die Glasindustrie an der Saar, die bis ins 20 Jh. fortbestand. Heute ist der Warndt ein beliebtes Naherholungsgebiet, das sich bis nach Lothringen hinein ins dortige Industriegebiet erstreckt.

Mittelstadt Völklingen: Rathausplatz, 66333 Völklingen, Tel. 068 98/13 28 00, www.voelklingen.de

Parkhotel Albrecht: Kühlweinstr. 70, Tel. 068 98/91 47 00, Fax 236 55, www.parkhotel-albrecht.com, ab 119 €.
Angenehme Zimmer; Gourmetrestaurant mit traditioneller französischer Küche im Haus, Menü ab 30 €.

Platform 11 3/4: Rathausstraße 57, Tel. 068 98/85 00 20, Mo geschl., Hauptgericht 7–24 €
Cooles Bistro-Restaurant im alten Völklinger Bahnhof (unweit des Weltkulturerbes), Ausstellungen, Konzerte, Events, Terrasse am Bahnsteig.

Ziele in der Umgebung

Wadgassen (E 6)
Cristallerie Wadgassen:
Saarstr. 14, Tel. 068 64/81 10 20, Mo–Fr 9.30–18, Sa 9–15 Uhr.
Im »Erlebniszentrum« von Villeroy und Boch kann man den letzten Glasbläsern an der Saar bei der Arbeit zuschauen – und sich selber als Glasbläser versuchen! Danach im Outlet-Center einkaufen.
Deutsches Zeitungsmuseum:
Am Abteihof 1, www.deutsches-zeitungsmuseum.de, Di–So 10–16 Uhr.
Direkt gegenüber der Cristallerie ist im schön renovierten Nordflügel der ehemaligen Abtei Wadgassen dieses ungewöhnliche Museum untergebracht: Erzählt wird die Geschichte der Zeitung von den Anfängen bis zur »Spiegel-Affäre 1962«, dazu die Geschichte der Drucktechnik von Gutenberg bis heute. Das Ganze ist museumsdidaktisch sehr interessant und spannend aufbereitet.

Wadern (E/F 2)

Einst war der Hauptort des Hochwaldes eine kleine verträumte Fürstenresidenz. Den schwäbischen Grafen Josef Anton von Öttingen-Hohenbaldern hatte es Ende des 18. Jh. nach Wadern verschlagen. Drei Schlösschen ließ er in seiner neuen Residenz erbauen, sie prägen auch heute noch das Bild der kleinen Stadt (17 000 Einwohner) und ihrer Umgebung. Außerdem locken das geheimnisvolle Löstertal mit seinen Sagen und Geschichten und zwei wahrhaft imposante römische Monumentalgrabhügel bei Oberlöstern. Von Mitte Juni bis Ende August lädt die Stadt jeden Sonntag um 16 Uhr zum »Waderner Marktsommer« mit Musik, Spektakel und Kleinkunst ein.

Sehenswert

Öttinger Schlösschen:
Am Kleinen Markt, So 14.30–17.30 Uhr u. n. V.
Das für Graf Antons Ehefrau Christiane 1759 erbaute Anwesen mit kleinem Schlosspark beherbergt heute ein Heimatmuseum und den Ratssaal der Stadt.
Grafenschloss: Oberstraße.
Das Schloss, einst der Verwaltungssitz, ist in den Rathausneubau integriert. Er-

Schloss Dagstuhl war Mittelpunkt der kleinen Grafschaft Öttingen-Sötern

halten ist das ursprüngliche Treppenhaus.

Schloss Dagstuhl: Noch fast ganz in alter Pracht zeigt sich der repräsentative Wohnsitz (1760) des Grafen Anton etwas außerhalb der Stadt im Löstertal. Zusammen mit einer barocken Kapelle und Verbindungsbauten im neugotischen Stil, umgeben von schönen Parkanlagen und einem neu angelegten Schlossgarten (Teil der »Gärten ohne Grenzen«), ist es ein viel besuchtes Schmuckstück im südlichen Hochwald. Praktisch genutzt wird es als anregende Begegnungs- und Forschungsstätte für Informatikspezialisten aus aller Welt. Die **Schlosskapelle** kann besichtigt werden (So 14.30–17.30 Uhr u. n. V. Führungen: Tel. 068 71/24 81). In ihr hat sich eine spätere Schlossbesitzerin, die »Malergräfin« Octavie de Lasalle mit Wandbildern im Stil der Nazarener verewigt. Vom Schloss führt ein schattiger Waldweg hoch zur **Burgruine Dagstuhl,** mit der um 1270 die Geschichte des Marktfleckens begann.

Tourist Information: Marktplatz 13, 66687 Wadern, Tel. 068 71/507-0, www.wadern.de

Schloss Münchweiler: Wadern-Nunkirchen, Tel. 068 74/18 68 20, Fax 186 82 22, www.schloss-muenchweiler.de, ab 106 €.
Ein wirklich traumhafter Ort zum Übernachten: im Gästehaus mitten im Schlosspark mit Blick auf das frisch restaurierte Barockschloss, in dem der Schlossherr (und Hotelbesitzer) selbst wohnt. Kleines Café-Bistro im »Salon Baronin Olga« (Mi–Sa ab 14, So ab 12 Uhr).

Autre Chose: Oberstraße 5, Tel. 068 71/90 95 88, Mo, Di geschl., Hauptgerichte 6–22,50 €. Charmantes französisches Bistro, kleine feine Gerichte und große Menüs.

Hotel-Restaurant Reidelbacher Hof: Reidelbach 6, Wadern-Wedern, Tel. 068 71/903 50, Mo geschl., Hauptgericht 7–14 €.

Gutbürgerliche Küche, Wild aus eigener Jagd. Zimmer ab 22,50 €.
Bistro Tebeck's: Forsthofstr. 22, Wadern-Wadrill, Tel. 06871/3129, Mo, Di geschl., Hauptgerichte ab 6 €.
Flohmarkt-Ambiente in schönem alten Bauernhaus, preiswertes vom kleinen Salat bis zum großen Steak.
Hochwaldalm Wadrill: Zur Alm, Wadern-Wadrill, Tel. 06872/505666 u. 0177/4208443, kein Ruhetag, Ostern–15. Nov. ab 11, 16. Nov.–Ostern 12–18 Uhr (im Ort ausgeschildert: »Jungviehalm«), ab 4 €.
Eine richtige Almhütte auf 500 m Höhe mit Rinderweiden ringsum. Ausflugslokal mit Brotzeit und kleinen Gerichten, Kaffee und Kuchen.

Wallerfangen (D 5)

Die Gemeinde (9500 Einwohner) erstreckt sich mit ihren neun Ortsteilen südlich von Saarlouis bis zur französischen Grenze. (Kuriosum: Im Ortsteil Leidingen verläuft die Grenze mitten auf der Dorfstraße!) Sie siedelt auf historisch bedeutsamem Boden. Die sichtbaren Zeugnisse der Geschichte sind interessant, aber unspektakulär. Im Ortsteil Ihn findet man noch die Reste eines gallorömischen Quellheiligtums (frei zugänglich). Der Emilianusstollen im Ortsteil St. Barbara ist das einzige noch vorhandene Zeugnis römischen (Kupfer-) Bergbaus nördlich der Alpen (Zugang Schlossbergstraße, Besichtigung nur n. V., Tel. 06831/124077). Im Mittelalter wurde hier der blaue Azurit abgebaut. Albrecht Dürer, aber auch alte Meister aus Italien und den Niederlanden malten mit dem berühmten »Wallerfanger Blau«. Ludwig XIV. ließ den inzwischen französischen, Vaudrevange genannten Ort 1687 niederlegen, um die Einwohner in »sein« neues Saarlouis umzusiedeln. Die Verlegung der Steingutfabrik der Familie Villeroy (der spätere Partner der von Bochs) 1789 nach Wallerfangen brachte neuerlichen Aufschwung. Heute dokumentiert ein kleines Heimatmuseum die spannende Lokalgeschichte (Luisenstr. 2, Tel. 06831/60282, So 15–18 Uhr u. n. V.).

Der französischen Vergangenheit wird hier in Wallerfangen auch kulinarisch gebührend gehuldigt.

Sehenswert

Haus Saargau: Wallerfangen-Gisingen, Tel. 06837/912762, www.wfus.de, Mo–Mi, So 14–17, Do/Fr 10–12 Uhr.
Typisches Lothringer Bauernhaus aus dem 18. Jh.: ein lang gezogenes Gebäude mit Wohnung, Ställen und Scheune unter einem Dach. Heute ist Haus Saargau ein Museum der ländlichen Alltagskultur mit einem Bauerngarten hinter dem Haus. Auch Info-Stelle des Naturparks Saar-Hunsrück.

Tourist-Information: Fabrikplatz, 66798 Wallerfangen, Tel. 06831/68090, www.wallerfangen.de

Sympathie-Hotel Scheidberg: Wallerfangen-Kerlingen, Tel. 06837/750, Fax 7530, www.hotel-scheidberg.de, ab 85 €.
Großes, modernes, frei stehendes Haus in ruhiger Lage, Spa, Fitnessraum, 18-Loch-Golfplatz Gisingen in der Nähe.
Hotellerie Waldesruh: Siersburger Str. 8, Wallerfangen-Oberlimberg, Tel. 06831/96600, www.waldesruh-wallerfangen.de, 82 €.
Grüne Oase der Ruhe, gemütliche Zimmer. Rustikale Gaststätte (im Winter Fr

geschl.) mit deftigen Gerichten, Wildspezialitäten ab 10 €, Biergarten.

Restaurant Villa Fayence: Hauptstr. 12, Tel. 068 31/964 10, So, Mo geschl., Menü ab 46 €.
In der ehemaligen Direktorenvilla von Villeroy wird ausgezeichnete französische Küche in stilvollem Ambiente serviert. Schöne Gartenterrasse. Im Bistro ebenfalls feine Küche zu kleineren Preisen (ab 15 €).
La Bécasse: Hauptstraße 6, Tel. 068 31/601 47, Di, Sa Mittag geschl., Hauptgericht ab 16,50 €, Menü ab 29,50 €.
Französisches Flair, Deftiges und Feines zu fairen Preisen.

Weiskirchen (E 2)

Weiskirchen ist der »gesündeste« Ort im nördlichen Saarland (6300 Einwohner). Der heilklimatische Kurort besitzt neben einem schönen Kurpark und einem Staudengarten – Teil der »Gärten ohne Grenzen« – eine renommierte Kurklinik und ein gediegenes Wellness-Hotel. In der waldreichen Umgebung finden Wanderer viele reizvolle Ziele.

Sport und Freizeit

Vitalis-Centrum: Kurparkstr. 2, Tel. 068 76/91 95 61, www.vitalis-weiskirchen.de, Mo–Fr 7–22, Sa, So 7–20 Uhr.
Reha, Wellness, Beauty, alles unter einem Dach: 25-m-Schwimmbecken, große Saunalandschaft, Warmwasser-Therapie- und Massagebecken, Fitnessbereich, Beautyfarm. Für Tagesgäste oder in Verbindung mit Aufenthalt im angeschlossenen Flair Parkhotel (s. u.). Vor der Tür liegt der **Nordic.Fitness. Parc.** mit fünf Pisten von 2,7 bis 7 km Länge für Anfänger und Fortgeschrittene. Kurse können im »Vitalis« gebucht werden.
Wildpark Rappweiler: Weiskirchen-Rappweiler, tgl. ab 9 Uhr, Eintritt frei. Landschaftlich schön gelegene Anlage mit großen Wildgehegen (Dam- und Rotwild, Wildschweine, Bisons, Waschbären, Luchse).

Hochwald-Touristik Weiskirchen: Triererstr. 21 (Haus des Gastes), 66709 Weiskirchen, Tel. 068 76/709 37, www.weiskirchen.de

Flair Parkhotel: Kurparkstr. 4, Tel. 068 76/919-0, Fax 91 95 19, www.parkhotel-weiskirchen.de, ab 108 €.
Vier-Sterne-Superior-Haus direkt am Kurpark. Große, ruhige Zimmer, Wellness-Pauschalen in Verbindung mit dem **Vitalis-Centrum** im Hause (s. o.). Exzellente Küche in der **Brasserie** und im **Restaurant »Vier Jahreszeiten«.** Hauptgericht ab 10 (18) €, kein Ruhetag.
Hotel-Restaurant »Schinderhannes«: Trierer Str. 8, Tel. 068 76/933 00, Di geschl., Zimmer ab 66 €.
Familiär geführtes Haus in der Ortmitte. Im Restaurant regionale Küche, Fisch- und Wildgerichte, Hauptgericht ab 8 €.

School Kättchen: Dorfstr. 12, Weiskirchen-Weierweiler, Tel. 068 74/12 29, Di geschl., ab 16.30 Uhr, So ab 11 Uhr, Hauptgericht ab 9 €.
In der ehemaligen Dorfschule geht's heute bei regionalen Gerichten rustikal-gemütlich zu.
La Provence: Merziger Str. 25, Weis-

Märchenhafter Winter in Weiskirchen (Kurpark)

kirchen-Rappweiler, Tel. 068 72/43 26, Di–Sa ab 18 Uhr, So ab 12 Uhr, Mo geschl., Hauptgericht 5–23 €.
Im ehemaligen Dorfgasthaus wird eine gelungene Melange französisch-thailändisch angeboten. In der angeschlossenen Brasserie »Le Mistral« zu besonders günstigen Preisen (4–17 €.)

Café Collage: Hauptstraße 1, Weiskirchen-Batschweiler, Tel. 068 74/ 67 99, Mo–Fr 10–18, Sa 14–19 Uhr.
Im »Stammhaus« des Kaffeerösters Pauli Michels – mitten im Wald gelegen – gibt es (außer selbst gebackenem Kuchen) viele köstliche Kaffeesorten zu genießen und zu kaufen.

Luxemburg

Die kleine Hauptstadt (120 000 Einwohner) des Großherzogtums Luxemburg (486 000 Einwohner) besticht durch starke Kontraste: Trutzige Festungsstadt mit tausendjähriger Geschichte, geprägt vom Charme einer Mini-Monarchie, auf der einen Seite, moderne europäische Metropole auf der anderen, vereint sie Altstadtromantik wie in Brüssel und coole Funktionalität wie in Frankfurt, Boulevards wie in Paris und Parks wie in London. Nur ist hier alles etwas kleiner und liegt näher beieinander, was den Vorteil hat, dass man in relativ kurzer Zeit viel sehen und erleben kann.

Das historische Herz der Stadt gehört zum UNESCO-Weltkulturerbe: das Altstadtensemble mit Fischmarkt und Großherzoglichem Palast, die Festungsanlagen zwischen Bockfelsen und Wenzelsmauer im Tal der Alzette. Dahinter öffnet sich die City mit ihren quirligen Zentren Place Guillaume II und Place d'Armes, im Sommer ein einziges großes Open-Air-Café, Schauplatz vieler Konzerte, Wochen-, Floh- und Jahrmärkte, Einkaufs- und Flaniermeile der Schicken und Schönen der Stadt, die aus vieler Herren Länder kommen – die Stadt Luxemburg hat einen Ausländeranteil von über 50 %! Angelockt vom anscheinend nie endenden Luxemburger Wirtschaftswunder arbeiten sie vor allem im Dienstleistungs- und Baugewerbe, bei den vielen Banken des Landes und natürlich bei den Europäischen Institutionen, die sich in der futuristisch anmutenden Satellitenstadt auf dem Kirchberg angesiedelt haben.

Fast dörflich geht es jedoch immer noch zu in den »Unterstädten« Grund und Clausen im Tal der Alzette, wo einst Mönche und die Handwerker der Festung zu Hause waren. Buchstäblich über sich hinausgewachsen ist die Stadt

Stadtrundgänge

Empfehlenswert sind die Stadtführungen in deutscher Sprache: Ostern–Okt. tgl. 14 Uhr, Nov.–Ostern Mo, Mi, Sa, So 14 Uhr ab City Tourist Office (s. S. 100f.). Auf eigene Faust kann man sich auf die City-Promenade begeben, die alle Sehenswürdigkeiten der Innenstadt miteinander verknüpft. Dazu gibt es diverse Thementouren, eine der schönsten ist der Wenzelrundweg (s. S. 99). Zu den Spazierwegen gibt es kostenlose Broschüren auf Deutsch im Büro des City Tourist Office (s. S. 100f.).

auf dem Plateau Bourbon rings um das heutige Bahnhofsviertel, das erst Ende des 19. Jh. nach dem Schleifen der Festung Luxemburg durch die Preußen entstand. Zuvor war das »Gibraltar des Nordens« über Jahrhunderte Spielball der Großmächte, konnte aber mit viel Geschick und Glück seine Selbständigkeit behalten. Heute präsentiert sich die Stadt als selbstbewusste kleine Metropole, gerahmt von Parks, Wäldern und idyllischen Flusstälern, geadelt von wunderbaren, bestens in die Festungsarchitektur eingepassten modernen Museen, gekrönt von einer Spitzengastronomie, die keine Wünsche offen lässt. Wie lautet doch das Luxemburger Überlebensmotto, das einen Erker in der Altstadt ziert: »Mir wëlle bleiwe wat mir sin«. Und das ist den Luxemburgern bis heute glänzend gelungen.

Sehenswert

Bockfelsen und Kasematten: Auf dem Felsen am Rande der Altstadt errichtete der Ardenner Graf Siegfried 963 seine Lützelburg (»kleine Burg«), von der Stadt und Land ihren Namen haben. Sie wurde im 19. Jh. geschleift. Vom Felsen bietet sich der beste Blick auf die Festung und die Altstadt. Im Felsen selbst erstrecken sich die 17 km langen Bockkasematten (März–Okt. tgl. 10–17 Uhr), ein in den Sandstein gehauenes, abenteuerliches Höhlenlabyrinth, einst Unterschlupf für die Soldaten der Festung. Heute kann man gefahrlos durch die Gänge spazieren und durch die ehemaligen Schießscharten schöne Ausblicke auf die Stadt genießen. Vom Bockfelsen führt die **Corniche,** ein schöner Panoramaweg am Rande der Altstadt zur **Cathédrale Notre Dame** (Rue Notre Dame, Ostern–1.Nov. Mo–Fr 10–17, Sa 8–18, So 10–18 Uhr, Nov.–Ostern 10–11.30 u. 14–17, So 10–17 Uhr), einer lichtdurchfluteten Kirche mit Elementen aus Gotik, Renaissance und Barock sowie mit einem umfangreichen Erweiterungsbau von 1938, unter dem sich auch die Krypta mit der Gruft der großherzoglichen Familie befindet. Während der Oktave, die am dritten Sonntag nach Ostern beginnt, wallfahren Pilger aus dem ganzen Land zwei Wochen lang zur Kathedrale der Gottesmutter, die auch Landespatronin des Großherzogtums ist.

Wenzelrundweg: Dieser sehr schöne Weg führt durch das UNESCO-Weltkulturerbe der Stadt, vom Bockfelsen über die Altstadt in den Stadtteil Grund mit der mittelalterlichen Stadtbefestigung Wenzelsmauer, von der sich die Festungsstadt aus vielen reizvollen Perspektiven betrachten lässt.

Mudam – Musée d'Art Moderne: 3, Park dräi Eechelen, www.mudam.lu, Mi–Mo 11–18 (Mi bis 20) Uhr
Spektakuläres Museum der zeitgenössischen Kunst, erbaut von Ming Pei, dem Architekten des neuen Pariser Louvre. Reizvoll kontrastiert die Glaspyramide des Bauwerks, mit der jahrhundertealten Festungsarchitektur ringsum.

Summer in the City

Unter diesem Motto finden von Juni bis Sept. zahlreiche Open-Air-Konzerte in der City statt (Programm beim City Tourist Office, s. S. 100f.). Am Vorabend des Nationalfeiertags am 22. Juni ist die Stadt nachts eine einzige große Freilichtbühne. Zuvor zieht ein großer Fackelzug der Bevölkerung zu Ehren der großherzoglichen Familie durch die Stadt und anschließend gibt es ein Riesenfeuerwerk.

Musée d'Histoire: 14, rue St. Esprit, www.mhvl.lu,
Di–So 10–18 (Do bis 20) Uhr.
Ein gläserner Aufzug fährt durch 1000 Jahre Stadtgeschichte. Zu sehen sind u. a. Festungsmodelle aus verschiedenen Epochen und der Thron des ersten »eigenen« Großherzogs Adolphe als Symbol der Eigenständigkeit des Landes.

Musée National d'Histoire et d'Art: Marché-aux-Poissons, www.mnha.lu,
Di–So 10–17 Uhr.
Im Mittelpunkt des architektonisch kühnen Ensembles aus Altbauten und zeitgenössischer Architektur stehen die eindrucksvoll präsentierten Funde aus prähistorischer und gallo-römischer Zeit auf luxemburgischem Boden.

Ausgehen

In der historischen Altstadt, in den Unterstädten Grund und Clausen und in der rue Hollerich im Bahnhofsviertel bündeln sich die angesagtesten Cafés, Bars, Lounges, Clubs und Discos der Stadt.

Theater/Konzerte

Im **Grand Théâtre** werden hochrangige Gastspiele ausländischer (auch deutscher) Theaterensembles gegeben (1, Rond-Point Schuman, Tel. 47 96 39 00, www.theater-vdl.lu).
Das **Théâtre National** bietet interessante Eigen- und Co-Produktionen mit ausländischen Partnern in Deutsch, Französisch und Lëtzebuergesch, auch Musiktheater (194, Route de Longwy, Tel. 26 44 12 70, www.tnl.lu).
In der architektonisch extravaganten **Philharmonie** auf dem Kirchberg gastieren die besten Orchester und Solisten der Welt. (1, place de l'Europe, Tel. 26 32 26 32, www.philharmonie.lu).

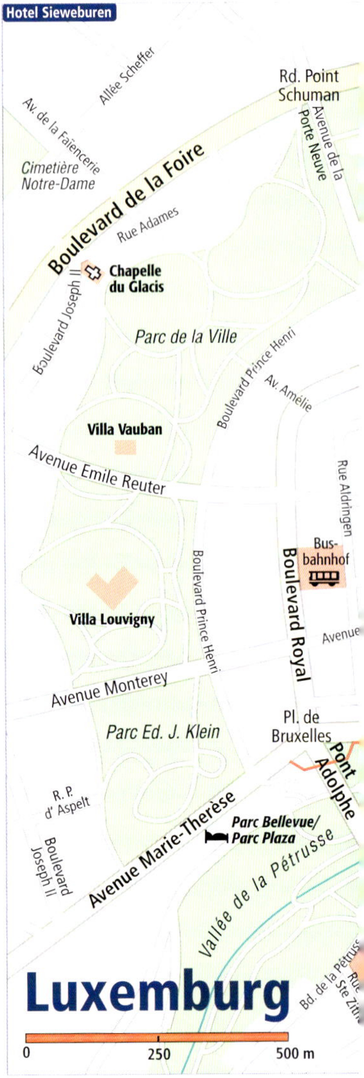

City Tourist Office: Place Guillaume II, 2011 Luxembourg, Tel. 22 28 09, Fax 46 70 70, www.lcto.lu, April–Sept. Mo–Sa 9–19, So, Fei 10–18 Uhr, Okt.–März Mo–Sa 9–18, So, Fei 10–18 Uhr.

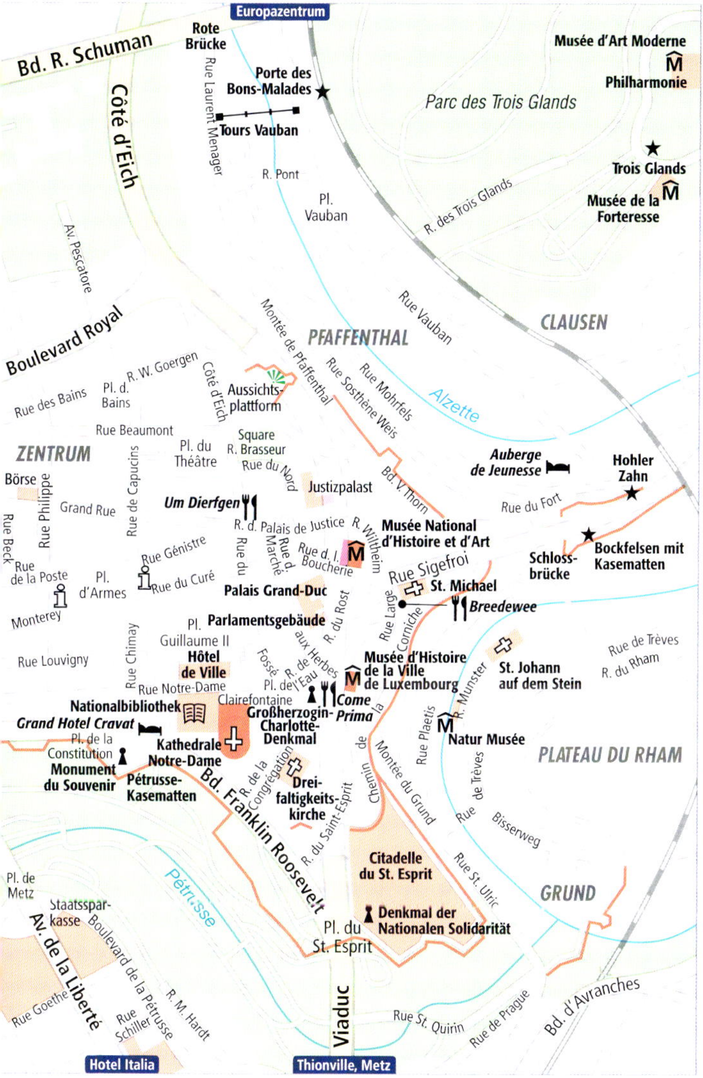

Vorwahl für das Land Luxemburg: 00 352, anschließend wählt man die Rufnummer des Teilnehmers.

Hotel-Restaurant Francais: 14, place d'Armes, Tel. 47 45 34, Fax 46 42 74, www.hotelfrancais.lu, 110–140 €. Charmantes, kunstsinniges Haus im Herzen der Stadt. Gutes Restaurant, große Terrasse auf der place d'Armes. Hauptgericht ab 12 €.

Sieweburen: 36, rue des Septfontaines, Tel. 44 23 56,
Fax 44 23 53, 115–138 €.
Am Stadtrand im Grünen gelegenes Hotel (3 km bis City) mit rustikal eingerichteten Zimmern. Gute bürgerliche Küche, Hauptgericht ab 10 €.
Parc Bellevue/Parc Plaza:
5, av. Marie-Thérèse, Tel. 456 14 11,
Fax 456 14 12 22, www.luxembourg-tourisme.lu, 152–232 €.
Zwei zusammengehörende Häuser in ruhiger Lage, citynah. Restaurant, Hauptgericht ab 15 €.

Um Dierfgen: 6, côte d'Eich, Tel. 22 61 41, www.umdierfgen.lu, So Abend geschl., Hauptgericht ab 10 €.
Gemütliches Traditionslokal in der Altstadt mit guter Küche (u. a. luxemburgische Spezialitäten, Pferdesteaks).
Il Cherubino: 10, rue Notre Dame, Tel. 47 17 94, www.ilcherubino.lu, So Ruhetag, Hauptgerichte 9–20 €.
Gemütlicher Italiener in der Altstadt, Pizza, Pasta und Cucina Italiana vom Feinsten. Günstige Mittagsmenüs. Nebenan, Hausnummer 24, Il Cherubino Cafè, mit kleinerer, preiswerterer Karte.
Confiserie Oberweis: 19–21 Grand rue, Tel. 47 07 03, www.oberweis.lu , Mo 10–18.15, Di–Fr. 7.30–18.30, Sa 8–18.15 Uhr.
Tolle Back- und Pralinen-Kreationen, kleine feine Speisen im Café.
Restaurant Art Café: 1a, rue Beaumont, tgl. 7–19 Uhr, Hauptgericht ab 8 €.
Originelles Ambiente mit Möbeln und Kostümen aus dem Fundus des Kapuzinertheaters vis-à-vis.

Nachts unterwegs

Fr/Sa verkehrt der **www.citynightbus.lu** von 22 bis 3.30 Uhr zwischen allen angesagten Locations der Stadt Luxemburg (Grund/Clausen–Altstadt–Bahnhof). Er hält an normalen Haltestellen mit dem Nightbus-Logo.

Metz

Diese Stadt weiß sich wirklich ins rechte Licht zu setzen. Von der Sonne beschienen, verleiht ihr der gelbe Kalkstein von Jaumont, aus dem fast alle historischen Gebäude errichtet wurden, tagsüber südliche Leichtigkeit. Ganz anders die Atmosphäre des Nachts: Künstlich illuminiert lassen die Bauwerke andere, zuvor unbeachtete Facetten ihrer Architektur erkennen. Dann erstrahlt auch das fast 800 Jahre alte Wahrzeichen der Stadt, die riesige Kathedrale St. Etienne mit ihren kostbaren Kirchenfenstern, von innen und wird zur »Laterne Gottes«.

Die Geschichte der Stadt Metz (400 000 Einwohner), Hauptstadt des Départements Moselle und der Region Lothringen, liest sich wie ein historischer Abenteuerroman: Angefangen hat sie als keltische Burg, später war sie römische Provinzhauptstadt, dann Hauptstadt des fränkischen Königreichs Austrasien, Mittelpunkt des Königreichs Lotharingien, im Mittelalter Freie Reichsstadt, Festungsanlage unter Ludwig XIV., blühende Barockstadt, französische Garnisonsstadt und schließlich »Lieblingsstadt« des deutschen Kaisers Wilhelm II., der sie zur größten Festung der Welt ausbaute. Aus fast allen Epochen haben sich Monumente erhalten – das macht den Reiz von Metz aus, der »Ville lumiere«, der »leuchtenden Stadt« an der Mosel. Ab 2010 wird die

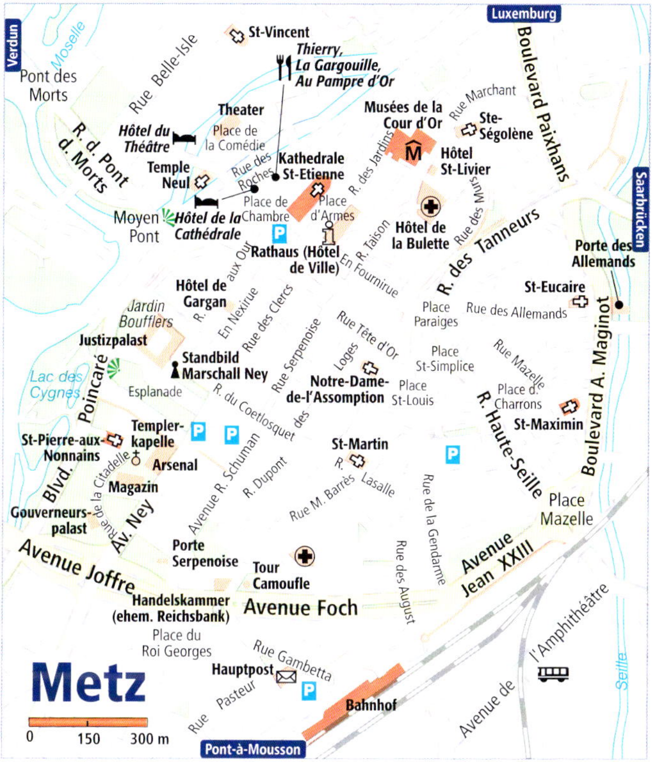

Stadt noch mehr erstrahlen, wenn die (einzige) Zweigstelle des Pariser Centre Pompidou in Metz eröffnet und damit der Kunst noch mehr Platz eingeräumt wird.

Sehenswert

Cathédrale St. Etienne:
1. April–30. Sept. tgl. 8–19 Uhr,
1. Okt.–31. März 8–18 Uhr.
Der Innenraum der gotischen Kathedrale ist überwältigend: Automatisch wird der Blick nach oben in die »unendliche« Höhe des Kirchenschiffs gezogen. Grandios auch die Wirkung der vielgestaltigen Kirchenfenster aus sieben Jahrhunderten. Am bekanntesten sind wohl die beiden 1960 von Marc Chagall geschaffenen Fenster mit Motiven aus der Genesis: Moses mit den Gesetzestafeln, Zug der Israeliten durch das Rote Meer, der Kampf Jakobs mit dem Engel. Eine Kuriosität verbirgt sich auf der Westseite außen am Christusportal, das erst 1903 im Auftrag des deutschen Kaisers geschaffen wurde: Der Prophet Daniel, auf dem rechten Strebepfeiler in Stein gehauen, trug einst einen Kaiser-Wilhelm-Schnurrbart, der ihm aber im Zweiten Weltkrieg wieder »abrasiert« wurde, da ein jüdischer Prophet nicht wie ein deutscher Kaiser aussehen sollte.

Musées de la Cour d'Or (Museum für Geschichte, Architektur und Kunst):
2, rue Haut-Poirier,

Mo–Fr 9–17, Sa, So 10–17 Uhr.
Hier sind die ältesten Schätze der Stadt versammelt. Den Mittelpunkt bildet der berühmte Stadtspeicher von Chèvremont (15. Jh.), um den herum ein mittelalterlicher Hof wieder aufgebaut wurde. Außerdem gibt es ein Architekturmuseum (Mittelalter–Renaissance) und eine Abteilung für Bildende Kunst.

Kirche St.-Pierre-aux-Nonnains: Rue de la Citadelle,
1. Juli–30. Sept. Di–Sa 13–18, So 14–18, 1. Okt.–30. Juni Sa/So 13–18 Uhr.
Die älteste Kirche Frankreichs wurde im 4. Jh. als römische Gerichts- oder Markthalle erbaut, im 7. und 10. Jh. zur (Kloster-)Kirche umgewidmet. Heute ist diese Teil des Kulturzentrums »Arsenal«, das nach dem benachbarten Militärbau aus napoleonischer Zeit benannt ist.

Place Saint-Louis: Auf den Grundmauern der römischen Stadtbefestigung zeigt die Stadt ihr mittelalterliches Gesicht: Die Häuser aus dem 13.–15. Jh. besitzen schöne Arkadengänge, in denen einst Händler und Geldverleiher ihren Geschäften nachgingen.

Bahnhof: Rings um den Bahnhof am Südrand der Stadt entstand zu Kaiser Wilhelms Zeiten die wilhelminische Neustadt (als kleines Abbild Berlins). »Krönung« ist der Hauptbahnhof von 1908, eine Art »kaiserliche Kathedrale« mit Gleisanschluss. Trotz allem ist es ein beeindruckendes Bauwerk, dessen gigantomanische Wirkung durch schöne Fenster und dekorative Elemente abgemildert wird.

Einkaufen

Rue des Jardins: schicke Kleidung, Schmuck, Kunstgalerien. **Outre Seille:** Antiquitäten, Kunsthandwerk. **Rue Taison:** Boutiquen – flippig bis très chic.

Flohmarkt: Parc des Expositions, Metz-Grigy, einmal im Monat, Sa 6–12, So 7–18 Uhr (Termine bei Office de Tourisme erfragen).
Der Metzer Flohmarkt ist legendär und kommt bei Kennern gleich nach Paris-Saint-Ouen: Möbel, Nippes, Bücher, Schmuck auf 15 000 m^2.

Markthalle: Place de la Cathédrale, Di–Sa 8–19 Uhr.
Die Händler nutzen den nie fertig gestellten Bischofspalast neben der Kathedrale heute als Kulisse für ihr überbordendes Angebot an Gemüse, Fleisch, Fisch und Käse.

Ausgehen

Arsenal: Avenue Ney,
Tel. 387 39 92 00, www.mairie-metz.fr, Sept.–Juni.
In dem auch architektonisch interessanten Gebäude finden hochrangige Musik- und Tanztheater-Events statt.

Les Frères Berthom: 24, rue du Palais, Mo–Fr ab 11, Sa, So, Mo ab 15 Uhr.
Lebhafte Bier- und Cocktailbar in der Altstadt.

L'Estanquet: 27, rue de Roches, Mo–Sa ab 11, So ab 17 Uhr.
Schöne Weinbar am Moselufer.

Café Jeanne d'Arc: Place Jeanne d'Arc, tgl. geöffnet.
Typisch französisches Café mit gemischtem Publikum.

Feste und Unterhaltung

Grand Fête de la Mirabelle: Ende Aug./Anf. Sept. in der Innenstadt.
Die Kultfrucht aus dem Metzer Land wird gefeiert und gekostet, vorwiegend als *tarte* und *eau de vie* (Schnaps).

Weihnachtsmarkt: auf sechs verschiedenen Plätzen der Stadt, 1. Advent–24. Dez., www.noel-a-metz.com
Die Stadt ist ein einziges Lichtermeer: reich geschmückte und beleuchtete Häuser, gewaltiger »Budenzauber« mit Weihnachtsartikeln zwischen Kitsch und

Nachts wird die Kathedrale zur »Laterne Gottes«

Kunst; großer Nikolausumzug am 1. So im Dez.

Office de Tourisme de Metz: 2, place d'Armes (Kathedrale), F-57007 Metz, Tel. 387 55 53 76, Fax 387 36 59 43, www.tourisme.mairie-metz.fr, Mo–Sa 9–19, So, Fei April–Sept. 10–17 Uhr, Okt.–März 10–15 Uhr.

Vorwahl für Frankreich: 00 33, anschließend wählt man die Rufnummer des Teilnehmers.

Hôtel de la Cathédrale: 25, place de la Chambre, Tel. 387 75 00 02, Fax 387 75 40 75, www.hotelcathedrale-metz.fr, 58–110 €.
Charmantes Haus in der Altstadt mit gutem Preis-Leistungs-Verhältnis.

Hôtel du Théâtre: 3, rue du Pont St. Marcel, Tel. 387 31 10 10, Fax 387 30 04 66, www.port-saint-marcel.com, 88–180 €.
Schönes Haus mit Blick auf die Mosel.

An der Place de Chambre und in der Rue de Piques im Schatten der Kathedrale ballen sich gute Restaurants aller Preisklassen. Eine kleine Auswahl:

Restaurant Thierry:
5, rue de Piques, Tel. 387 74 01 23, www.restaurant-thierry.fr, So, Mi geschl., Menü ab 15,50 €.
Feine Bistro-Küche mit Asia-Touch zu maßvollen Preisen.

La Goulue: 24, place St. Simplice, Tel. 387 75 10 69, So, Mo geschl., Menü ab 32 €.
Köstliche Bistro-Küche in prächtigem Jugendstil-Ambiente

Au Pampre d'Or: 31, place de Chambre, Tel. 387 74 12 46, So Abend, Mo Mittag, Di u. Mi Mittag geschl., Menü ab 37 €.
Herausragende Küche zu fairen Preisen.

Blütenmeer im »Garten der Sinne«

Tour 1

Im Gartenparadies zwischen Saar und Mosel (C 3–A 3)

Zwischen Trier, dem nördlichen Saarland, dem Saargau und der Mosel sowie jenseits der Grenzen in Schengen (Luxemburg), bei Metz und Bitche (Frankreich) erstreckt sich eine Kette von 14 ungewöhnlichen Gartenanlagen. Es sind historische, wiederbelebte oder aber vollkommen neu konzipierte und angelegte Gärten, jeder mit ganz eigenem Charakter und von ganz speziellem Reiz. Sie sollen als »Gärten ohne Grenzen« die Gartenkultur im Dreiländereck Saarland-Lothringen-Luxemburg neu aufblühen lassen. Wir beschränken uns bei dieser Tour auf die Gärten zwischen Saar und Mosel, weil sie recht nah beieinander liegen und zusammen gut an einem Tag zu besichtigen sind.

Der Duft des Rosenzimmers

Erste Station der Garten-Tour ist **Merzig** (s. S. 50ff.). Auf einem Hochplateau über der Stadt liegt gleich der mit 15 000 m² größte aller »Gärten ohne Grenzen«: der **»Garten der Sinne«** (Ellerweg, Kreuzberg, Zufahrt von Stadtmitte aus beschildert). In ihm vereinigen sich verschiedene »Garten-Zimmer« zu einem raffinierten Gesamtensemble. Der Eingang mündet in einen Wassergarten, der sich als symbolische Lebensader fast durch die ganze Anlage zieht. Der Besucher wandelt dann zunächst – wie im richtigen Leben – auf verschlungenen Pfaden durch einen unspektakulären Meditationsgarten mit grünen Bodendeckern wie Efeu, um danach umso intensiver die Duft- und Blütenfülle des folgenden »Rosenzimmers« (mit altem englischen »Rosenadel«) in sich aufzunehmen. Dann folgt ein kleines Atrium, in dem sommers Konzerte stattfinden. Ein Frühlings- und Herbstgarten mit vielerlei Pflanzen – von Akelei bis Astern – leitet über in den »Garten der Klänge« mit mehreren Klangkunstobjekten, die man selbst »bespielen« darf. Schließlich folgt ein großer Kiesgarten, in dem unzählige intensiv blühende Blumen und Kräuter – Iris, Salbei, Thymian, Phlox, Hornkraut – zu einem riesigen, farbenprächtigen Teppich verwebt sind. Ein »Tast-Garten« führt unter dem Motto »Anfassen erwünscht« (weich wie Ballota, rau wie Pulmonaria, fleischig wie Sedum, glatt wie Hemerocallis) zurück zum Eingang, wo ein kleiner Kiosk mit Getränken zum Ausruhen einlädt.

Nach Art der Kaiser und Cäsaren

Danach geht die Fahrt weiter in den Saargau über Merzig-Hilbringen nach

Mettlach-Tünsdorf (B 3). Dort wartet im Schatten des Alten Klosters ein **Bauerngarten** (Schillerstraße 23), jene klassische Komposition aus Gemüserabatten, Kräuterbeeten, Zierblumen und Obstbäumen, wie sie schon Kaiser Karl der Große seinen Untertanen in der »Verordnung für die Krongüter« vorgeschrieben hat. In Tünsdorf bildet ein alter Kirschbaum das Zentrum des Gartens. Er steht stellvertretend für die vielen Obstbäume auf den Streuobstwiesen ringsum, deren Früchte seit jeher – in fester oder flüssiger Form – den Leuten »auf dem Gau« dabei helfen, gut über den Winter zu kommen.

Von Tünsdorf aus nähern wir uns langsam der Mosel. Auf den Höhen von **Perl-Borg** (A 3) tauchen wir in der rekonstruierten gallo-romanischen Villa Borg (s. S. 61) in die Antike ein und betreten dabei auch einen **römischen Garten.** Die Anlage liegt ziemlich weit außerhalb des Dorfes Borg, ist von dort aber gut ausgeschildert. Im Eingangsbereich der Villa stößt der Besucher auf einen römischen Ziergarten, eingefasst von Buchsbäumen. Hinter den Gebäuden erstreckt sich – geradlinig angelegt wie die alten Römerstraßen – eine Art Bauerngarten mit Gemüsesorten, die schon die Römer mochten (Lauch, Kohl, mediterrane Kräuter). Wir überspringen viele Jahrhunderte und besuchen als Nächstes den kleinen **Renaissance-Garten** hinter Schloss Berg in **Perl-Nennig** (A 2). Wie Kunststickerei wirkt das verschnörkelte Arrangement aus Buchsbäumen und farbigem Kies, das auch die Gäste des Zwei-Sterne-Gourmettempels von Schloss Berg beim Blick aus dem Fenster entzückt.

Moselbarock

Nur noch wenige Kilometer sind es bis zur Mosel. In der Ortsmitte von **Perl** erwartet uns vor einem Palais von 1733 ein klassischer **Barockgarten** (Biringer Straße) mit allerlei jahreszeitlich wechselnden Schmuckbeeten rings um ein Rondell mit Springbrunnen.

Nun geht es über die Moselbrücke, und schon befinden wir uns in Luxemburg im berühmten »Europadorf« **Schengen** (s. S. 63f.). Direkt am Moselufer steht das Schengener Schloss, zu dem ebenfalls ein **Barockgarten** (2, beim Schlass) gehört. Hier dominieren kegelförmig geschnittene Buchsbäume; sie säumen die Auffahrt zum Schloss, das heute zum Teil Kloster, zum Teil Tagungsstätte und Hotel ist. In diese Umgebung passt natürlich auch gut der klassische klösterliche Kräutergarten unterhalb der Barockanlage mit duftenden Heil- und Küchenkräutern – von Lavendel über Thymian und Rosmarin bis hin zu Melisse. Den gärtnerischen Dreiklang rund um das Schloss vollendet ein Park mit alten Nadelhölzern und einer schönen Lindenallee am Moselufer.

Tour-Info

Länge und Dauer: ca. 30 km, reine Fahrtzeit 45 Min., mit Besichtigung aller Gärten 1 Tag
Zeitpunkt: Mai–Okt.
Öffnungszeiten: Die Gärten sind tagsüber geöffnet und kostenlos zugänglich, Ausnahmen: der »Garten der Sinne« in Merzig (s. S. 50f.) und der »Römergarten Villa Borg« (s. S. 61)
Informationen: CEB – Akademie für Gärten, Umwelt und Tourismus, Industriestr. 6–8, 6663 Merzig, Tel. 068 61/930 80, www.gaerten-ohne-grenzen.de

Tour 2

Im Gasgebläsehaus der Völklinger Hütte

Spuren der Industriekultur (E 6–G 5)

Die Blütezeiten von Kohle und Stahl sind längst vorbei, eine mehrere hundert Jahre dauernde Epoche, die dem Saarland Arbeit und Identität brachte, neigt sich dem Ende zu. Viele der großen und kleinen Industrieanlagen sind schon abgerissen oder aber inzwischen geschützte Denkmäler. Diese Tour verknüpft einige der interessantesten Industriedenkmäler zu einer ebenso abenteuerlichen wie denkwürdigen Tour durch die industrielle Vergangenheit des Saarlandes.

Im Banne des »Rostigen Riesen«

Die Tour beginnt im Weltkulturerbe **Völklinger Hütte** (s. S. 91), dem erkalteten Industriekoloss zwischen Saar und Völklinger Bahnhof. Hier wurde bis 1986 in fünf Hochöfen Eisen und Stahl produziert. Nach der Schließung konnte das einmalige Ensemble nur knapp vor dem Abriss bewahrt werden. Heute genießt es den Schutz und Status eines UNESCO-Weltkulturerbes – laut Aussage von Fachleuten »das best inszenierte Industriedenkmal der Welt«. Ein Besucherweg führt durch das weitläufige Gelände, vorbei an der Sinteranlage und dem Schrägaufzug zu der mächtigen Hochofengruppe, dem Herz der Völklinger Hütte. Hochofen 5 kann man bis zur Gichtbühne in 27 m Höhe besteigen.

Faszinierend ist es zu sehen, wie sich die Natur allmählich wieder des »rostigen Riesens« bemächtigt, buchstäblich Gras wächst über eine vergangene Industrieepoche: zu besichtigen ab Juni 2009 im neuen Industriegarten »Das Paradies« in der alten Kokerei. Beeindruckend die Installationen, Exponate und Videos im Science Center Ferrodrom, der vielfältigen »Erlebniswelt« zum Thema Eisen und Stahl in der Möllerhalle. Von ganz besonderem Reiz ist das Gasgebläsehaus mit seinen mächtigen Schwungrädern, die einst den Wind für die Hochöfen anfachten. Heute ist die Halle Kulisse für Kultur- und Unterhaltungsevents sowie hochkarätige, mehrmonatige Sonderausstellungen.

Abenteuerlicher Urwald

Von Völklingen geht es über die A 620 nach Saarbrücken, dann auf der Westspange über die Saar Richtung Neunkirchen. Am »Ludwigskreisel« wählen wir den Abzweig Saarbrücken-Rußhütte und Fischbach, danach die Abzweigung Riegelsberg-Holz. Hinter der Siedlung Neuhaus biegen wir links ab zur Scheune Neuhaus (ausgeschildert) – und schon befinden wir uns mitten im »Urwald vor den Toren der Stadt«, im Saarkohlenwald nämlich, unter dem jahrhundertelang Kohle abgebaut wurde. Seit ein paar Jahren wird der Wald nicht mehr bewirtschaftet und darf ungestört zum Urwald verwildern.

Ein Urwaldpfad führt quer durch das Gelände über Stock und Stein, vorbei an Schlammweihern und hinauf auf eine ehemalige Bergehalde, die man über eine hölzerne »Himmelsleiter« erklimmen kann. Zentrum des Urwaldes ist die **Scheune Neuhaus** (F 6), in der das ganze Jahr über vielfältige Veranstaltungen und Workshops zum Thema Wald stattfinden. Im Sommer beispielsweise wird im »Wildniscamp« im Freien kampiert. Es gibt Kunstaktionen und im Herbst Wildkochkurse in der Waldwirtschaft an der Scheune, wo man das ganze Jahr über gemütlich sitzt mit freiem Blick ins Grüne (s. a. S. 78).

Vom Förder- zum Aussichtsturm

Aus den Tiefen des Urwaldes geht es auf der Landstraße weiter ins nahe **Fischbach** (G 5), wo man in der Ortsmitte en passant noch eines der schönsten Ensembles typischer Grubenarbeiterhäuser in der Saarregion betrachten kann. Zubvor lohnt sich ein Abstecher auf die Halde Lydia bei Camphausen – ein ganz besonderes Erlebnis! (s, auch S. 92).

In **Maybach** (G 5) steht noch die ebenfalls gut erhaltene Werkssiedlung der ehemaligen Grube gleichen Namens.

Die nächste Station ist **Göttelborn** (G 5; s. a. S. 43), wo bis zum Jahr 2000 das Bergwerk mit dem modernsten und höchsten Förderturm Europas gearbeitet hat. Göttelborn ist zusammen mit Völklingen und der nahen Grube Landsweiler-Reden einer der »Zukunftsorte« des Saarlandes – hier soll der Wandel von den Montan- zu neuen Zukunftsindustrien sichtbar vollzogen werden. Der Wandel dauert, doch der Standort Göttelborn fasziniert schon heute mit dem Förderturm, der als Aussichtsturm bestiegen werden kann, seinen Halden und seiner facettenreichen Unter- und Innenwelt, die hin und wieder auch für Kunst- und Kulturevents genutzt wird. Hier sollte man nach Möglichkeit eine Führung (mit Turmbesteigung) machen (näherere Informationen s. »Saarland unter Tage«, S. 43).

Eine Führung lohnt sich auch in **St. Ingbert** (s. S. 83f.). Im dortigen Besucherbergwerk Rischbachstollen zeigen und erzählen ehemalige Bergleute, wie es einst unter Tage zuging. Anschließend gibt es in der »Kaffeekisch« ein original Bergmannsfrühstück mit »Lyoner un Weck« (s. S. 23).

Vom Rischbachstollen ist es nur ein Katzensprung hinüber »Zur Alten Schmelz«, einer 250 Jahre alten Werkssiedlung inmitten eines ehemaligen Eisenwerks mit renovierten Arbeiterhäusern und Industriehallen, die heute für Kultur- und Unterhaltungsevents genutzt werden (s. a. S. 83f.).

Von St. Ingbert erreicht man über die Autobahn schnell wieder Saarbrücken oder Völklingen.

Tour-Info

Länge und Dauer:
ca. 50 km; inkl. Besichtigungen und Führungen plant man am besten mindestens einen, besser zwei Tage ein.
Zeitpunkt: April–Nov.

Tour 3

Eingang zum Hügelgrab der Keltenfürstin in Reinheim

Magie der Geschichte im Bliesgau (K 6–H 8)

Diese **Radtour** durch eine der schönsten Landschaften des Saarlandes verknüpft die wichtigsten Denkmäler der magischen Vor- und Frühgeschichte, des üppigen Barock und des ländlichen »Kaiser-Wilhelm-Klassizismus«.

Terra Nigra – Schwarzenacker

Ein hervorragender Auftakt zu dieser Tour ist ein Rundgang durch das **Römische Freilichtmuseum** (s. S. 44f.) in **Homburg-Schwarzenacker.** So eingestimmt geht es anschließend mit dem Rad über die Bliesbrücke nach **Wörschweiler** (K 6) vorbei am barocken Schloss Gutenbrunnen aus der Zeit der Herzöge von Pfalz-Zweibrücken.

Blieskasteler Barock

Auf dem »Bliestal-Freizeitweg« gelangt man über Ingweiler und Bierbach nach **Blieskastel** (s. S. 36ff.). Dort heißt es erst mal, aus dem Tal der Blies ein Stück zum **Gollenstein** hochzustrampeln, um dem Geheimnis eines 4000 Jahre alten Menhirs – angeblich der größte in Mitteleuropa – auf die Spur zu kommen. Von dort geht's den kurzen Weg hinüber zur Schlosskirche und danach die Schlossstraße bergab durch das eigenwillige barocke Ambiente, das Gräfin Marianne von der Leyen der Stadt Ende des 18. Jh. »verpasst« hat. In Höhe des Bahnübergangs an der Bliesbrücke treffen wir dann wieder auf den flachen, gemütlichen »Bliesgau-Freizeitweg«, der auf einer asphaltierten ehemaligen Bahntrasse parallel zum Fluss verläuft.

Die nächste Ortschaft ist **Blickweiler** (J 7). In der Römerzeit gab es hier eine Töpferei für feines Tafelgeschirr. Aus dem weiter südlich gelegenen **Breitfurt** (J 7) stammen zwei römische Reiterfiguren, deren Kopien im Freilichtmuseum Schwarzenacker stehen. Hier in Breitfurt lohnt sich ein kleiner Abstecher hinunter zur Blies, die sich auf der Höhe der Bliesmühle vor dem Wehr tatsächlich zu einer breiten, wildromantischen Furt angestaut hat – mit stattlichen alten Bäumen am Ufer.

Der geteilte Bahnhof

Weiter dem Radweg folgend passieren wir dann den ehemaligen Bahnhof von Breitfurt – heute ein Wohnhaus –, der im nahen Gersheim quasi seinen »Zwillingsbruder« hat. Und das kam so: Ende des 19. Jh. wurde der Bahnhof von Kaiserslautern abgerissen, weil er zu klein geworden war. Er kam nicht auf's »Abstellgleis«, sondern wurde an der Bahnlinie Zweibrücken–Saargemünd wieder aufgebaut – die eine Hälfte in Breitfurt, die andere in **Gersheim** (s. S. 42)! Der Bahnhof Gersheim ist heute ein schönes Bistro mit alten Fotos der Bliestalbahn an den Wänden. Sie wurde 1879 unter »Kaiser Willem« in Betrieb genommen. In friedlichen Zeiten beförderte sie viele Arbeiter aus der Saarpfalz in die Steingutmanufaktur von Saargemünd, im Ersten und Zweiten Weltkrieg aber auch Menschen und Material an die französische Front.

Im Reich der Keltenfürstin

Von Gersheim ist es nur noch ein kurzes Stück bis **Reinheim** (H 8). Sehenswert ist in der Ortsmitte die Kirche St. Markus mit schöner barocker Ausstattung. Von dort fahren wir über die Bliesbrücke und stoßen direkt dahinter auf den (deutschen) Eingang zum Europäischen Kulturpark Bliesbruck-Reinheim, einem deutsch-französischen Archäologie-Projekt direkt auf der Grenze (s. S. 42). In einer Kiesgrube wurde 1954 das Grab einer bedeutenden Keltenfürstin gefunden und nach und nach ein drei Hektar großer gallo-römischer *vicus* (lat. »Dorf«) ausgegraben. Natürlich steigen wir vom Rad und gehen zu Fuß die wenigen Meter zu dem rekonstruierten keltischen Hügelgrab. Da liegt sie nun im künstlichen Halbdunkel des Grabes, inmitten ihres kostbaren Geschmeides und anderer keltischer Grabbeigaben, die stolze Keltenfürstin aus dem 4. Jh. v. Chr.

Wir schwingen uns wieder auf's Rad und fahren einen knappen Kilometer bis auf die französische Seite des Parks, wo vor allem die Rekonstruktion einer gallo-römischen Thermenanlage beeindruckt. Zwischen Frühling und Herbst beleben außerdem Sonderausstellungen, Feste, Kulturveranstaltungen und auch Grabungsworkshops mit Jugendlichen aus aller Welt das Gelände.

Tour-Info

Art und Länge: Radtour Homburg-Schwarzenacker bis Bliesbruck-Reinheim ca. 25 km; bis auf den kurzen Anstieg bei Blieskastel flache Strecke
Dauer: Fahrtzeit 1,5–2 Std.; mit Besichtigungen und Pausen ein halber, besser ein ganzer Tag. Wer die Strecke nicht zurückradeln möchte, kann sich eine andere schöne Rückroute auf wenig befahrenen Straßen durch den südlichen Bliesgau aussuchen oder ab Reinheim mit dem Linienbus zurück nach Blieskastel bzw. Homburg fahren (alle 30 bis 60 Min., nimmt einzelne Fahrräder mit, nicht für Gruppen).
Zeitpunkt: März–Okt., dann sind die beiden Römermuseen geöffnet (das Museum in Homburg-Schwarzenacker ist allerdings Mo geschl.). An den Wochenenden herrscht bei schönem Wetter Hochbetrieb auf der beliebten Strecke. Dann sind auch viele Familien mit Kindern, Hunde, Skater und Spaziergänger unterwegs. Vorsicht ist also geboten! Unter der Woche geht es entsprechend ruhiger zu.
Einkehr: Bistro-Restaurant »Historischer Bahnhof« in Gersheim, Tel. 068 43/90 20 55, Mo (Winter auch Di) geschl. Direkt an der Fahrradtrasse, gute Küche ab 8 €, Sommerterrasse auf dem ehemaligen Bahnsteig. Restaurant Le Silene, Hameau du Parc, F-Bliesbruck-Reinheim, Tel. 00 33/387 98 4928. Mitten im Europäischen Kulturpark gelegen, römische Gerichte à la Apicius oder traditionelle französische Küche ab 9 €.

Tour 4

Naturdenkmal
Leitersweiler Buchen

Auf der Fährte der Bauern und Bergleute (H/J 3)

Auf dem **Tiefenbachpfad** bei St. Wendel erwartet Sie eine wunderbare Tal- und Höhenwanderung, eine jener Touren, die vom deutschen Wanderinstitut Marburg in den Rang eines besonders erlebnisreichen Premiumweges erhoben wurde. Das Erlebnis beginnt schon gleich beim Start auf dem **Wendelinushof** am Rande des Bosenbergs, 100 Jahre lang das Hofgut der Steyler Missionare, heute Arbeits- und Ausbildungsstätte für behinderte Menschen, mit schöner Gärtnerei, einem Hofladen mit eigenen und Produkten anderer Höfe des St. Wendeler Landes – und dem einladenden Café-Restaurant »Hofküche«, das die ganze Woche über morgens gleich mit einem üppigen Frühstücksbüffet (für schlappe 8,50 €!) aufwartet. Tipp: Nehmen Sie aus dem Hofladen am besten auch ein kleines Lunchpaket mit, unterwegs gibt es nämlich keine Einkehr-Möglichkeit mehr.

Faszinierende Naturdenkmäler

So gestärkt und gerüstet kann man sich guten Mutes auf den Weg machen. Erst geht es leicht bergauf, am Waldrand des Bosenbergs entlang, den man auf dem Weg ganz umrundet.

Bald kommen erste schöne Ausblicke, zunächst auf die Stadt St. Wendel, deren Basilika inmitten der Häuser wie ein Hirt aus seiner Herde ragt. Und von Ferne grüßt der markante Kegel des Schaumberges mit seinem Aussichtsturm.

Noch ein paar Kurven bergauf, dann wird es richtig abenteuerlich: vom Forstweg zweigt ein schmaler Pfad ab, windet sich hoch zu einem alten **Steinbruch**, von Moosen, Farn und Buschwerk wild überwuchert. Dann geht es über steile Stufen weiter jäh bergauf, man landet auf einer sonnigen Hochebene, blickt am Ende eines Waldstücks weit ins stille Ostertal in Richtung Kusel, wenig später auf den Gipfel des Bosenbergs – von einem weiteren schönen Sonnenplateau, das plötzlich in einen lauschigen Wald mündet mit uralten Baumriesen, die zum Teil schon in Verwesung übergehen: die **Leitersweiler Buchen**, ein weiteres faszinierendes Naturdenkmal am Wegesrand. Die Schutzhütte dort lädt zur kleinen Zwischenrast. Im Tal drunten liegt das Dorf Leitersweiler, darüber erhebt sich der dunkle Hochwald und der mächtige Hunsrück.

So, Mo geschl., Menü ab 96 €.
Hier prangen drei Michelin-Sterne! Klaus Erfort bietet in gepflegtem Ambiente Kochkunst in Vollendung.

Die Bauernstube: Hauptstr. 20, SB-Jägersfreude, Tel. 06 81/329 69,
Do geschl., Hauptgericht ab 9 €.
Das saarländische Traditions-»Steakhouse«! Hier wird in rustikaler Atmosphäre über offenem Buchenholzfeuer gegrillt.

Brunchbox: Nauwieserstr. 38a,
Tel. 06 81/371 05 40,
Mo–Fr 8–17, Sa 9–16 Uhr,
Gerichte ab 3,50 €.
Frühstück und kleine Snacks in der Box; werden im Café serviert oder nach Hause oder an den Arbeitsplatz geliefert.

Ziele in der Umgebung

Spicherer Höhen (F 7): Wenn man hinter dem Deutsch-Französischen Garten weiter Richtung Grenze fährt, zweigt kurz vor dem ehemaligen Grenzübergang »Goldene Bremm« eine kleine Straße links ab und führt in einigen Kurven hoch zu den Spicherer Höhen in Frankreich. Dort mahnen Bunkerreste, Gedenkkreuze und Kriegerdenkmäler an die Schlacht auf den Spicherer Höhen, bei der am 6. August 1870 mehrere tausend deutsche und französische Soldaten ums Leben kamen. Heute ist das sonnige Plateau am Waldrand friedvoller Treffpunkt für Spaziergänger, Jogger oder Radfahrer. Und alle freuen sich auf die anschließende obligatorische Einkehr im Traditions-**Gasthaus Woll:** Hauteurs du Spicheren, Tel. 00 33/387 85 31 02, Mo geschl., Di bis 17 Uhr geschl. Unter deutscher Leitung wird dort französische Bistroküche serviert (8–18 €), im Sommer auch im Biergarten unter alten Kastanien.

Urwald vor den Toren der Stadt: (Scheune Neuhaus, s. a. Tour 2, S. 110f.). Welche Stadt hat so etwas schon zu bieten? Der Urwald im Steinbach- und Netzbachtal zwischen Fischbach und Riegelsberg im Norden von Saarbrücken ist ein bundesweit einmaliges Naturschutzprojekt. Er ist zwar erst ein paar Jahre alt, wird aber von Jahr zu Jahr »wilder«, weil er nicht mehr bewirtschaftet wird. Man kann ihn auf einem eigens angelegten Urwaldpfad erkunden, man kann ihn aber auch ganz gesittet auf normalen Wanderwegen durchstreifen. Der günstigste »Einstieg« (mit Parkplatz) ist am Forsthaus Neuhaus. In der Nähe befindet sich auch das »Urwaldbüro«, das viele interessante Veranstaltungen für Groß und Klein anbietet (Tel. 068 06/10 24 27, www.saarurwald.de). Einen Besuch wert ist auch die in edlem Holzdesign gestaltete **Ausflugsgaststätte Forsthaus Neuhaus** (Tel. 068 06/99 45 66, Mo geschl., Hauptgericht 8–26 €) mit Speisen von der einfachen Vesper über saarländische Spezialitäten bis zum mediterranen Menü. Einfacher, aber ebenfalls gut isst man im nahen, preiswerten **Naturfreundehaus Kirschheck** (Steinbachweg 10, Tel. 06 81/747 77, Di–So 10–22 Uhr).

Nach Saargemünd

Für einen Abstecher von Saarbrücken nach Saargemünd nimmt man am besten die Saarbahn. Zusteigen kann man an jeder Saarbahn-Haltestelle in Saarbrücken. Die Bahnen fahren, je nach Wochentag und Tageszeit, im 30–60-Minuten-Takt. Fahrtzeit von SB-City bis Bahnhof Saargemünd ca. 25 Min.

Highlight 9

Saarlouis (D 5)

Saarlouis ist eine sympathische, lebenslustige Stadt (38 000 Einwohner) mit einer erstaunlichen »Militärkarriere« zwischen Deutschland und Frankreich. Gegründet wurde sie 1680 vom Sonnenkönig Ludwig XIV. – unter baulicher Regie von Vauban – als französische Festungsstadt an der Saar zur Sicherung der Nordostgrenze des Königreichs Frankreich. Dem König gefiel seine neue Stadt so gut, dass er ihr höchstpersönlich seinen Namen und sein Sonnensymbol für ihr Stadtwappen verlieh. 1815 hatten dann die Preußen das Sagen in der Stadt und bauten die Festung nach ihrem Gusto weiter aus. Trotz so viel Militär im Laufe der Jahrhunderte hat Saarlouis sein sonniges Gemüt nicht verloren, empfindet sich sogar selbstbewusst als »heimliche Hauptstadt« des Saarlandes. Auf jeden Fall ist es die »Hauptstadt« des Landkreises Saarlouis und ein beliebtes Einkaufszentrum (sogar für viele aus der echten Hauptstadt!). Dabei inszeniert Saarlouis vor allem seine hübsche Altstadt mit den vielen kleinen Lokalen, Straßencafés und Restaurants gerne als »längste Theke des Landes«, in der man sichtlich und ungeniert der »saarländischen Freude« frönt. Die Stadt lebt also gut mit ihrer illustren Vergangenheit, steht vielleicht sogar stellvertretend für das ganze Saarland, in dem sich Deutsches und Französisches mal feindlich gegenüber standen, mal friedlich und befruchtend aufeinander einwirkten.

Touristische Entdeckungstouren

Eine kleine Agentur in Saarlouis bietet geführte Thementouren durch das ganze Saarland und nach Lothringen an, z. B. in den »Rosenkreis« Neunkirchen, zur Dillinger Hütte, zu Werner Freunds Wölfen und an den »Zukunftsort« Göttelborn.
Nach Frankreich geht's zu einer Trüffelfahrt an die Maas, in den Schlossgarten Pange oder ins »Wilhelminische Metz«. Gabriele Jaeck, www.gigajaeck-reisen.de, Tel. 068 31/12 40 77.
Niels Wilcken, www.wilcken-kulturreisen. de, ist u. a. Spezialist für Metz und das »unbekannte« Lothringen, seine Touren sind oft auch verbunden mit musikalischen und kulinarischen Events.

Sehenswert

Festungsanlagen: Die Reste der Festung lassen sich am besten auf einem kleinen Spaziergang durch die Stadt erfassen. Beginn ist auf dem **Großen Markt,** einst der Aufmarschplatz der Soldaten. Das Gebäude der **Kommandantur** ist noch erhalten (Hauptpost). Die ebenfalls noch vorhandenen **Kasernen** stammen vorwiegend aus der Preußenzeit. Die markanteste findet sich in der Alte-Brauerei-Straße und beherbergt heute u. a. das Städtische Museum. In dieser Altstadt-Ecke sieht man auch noch die typischen Handwerkerhäuser der Festungszeit mit schmaler Front und Mansardendach. Weiter geht es zu den **Kasematten** am Rand der Innenstadt, ebenfalls preußisches Erbe, heute bestückt mit kleinen Geschäften und Lokalen. Am erkennbarsten geblieben ist die Überschwemmungsfestung Saarlouis jedoch an einem Altarm der Saar rings um die **Vauban-Insel,** wo eine halbmondförmige Festungsanlage die Stadt

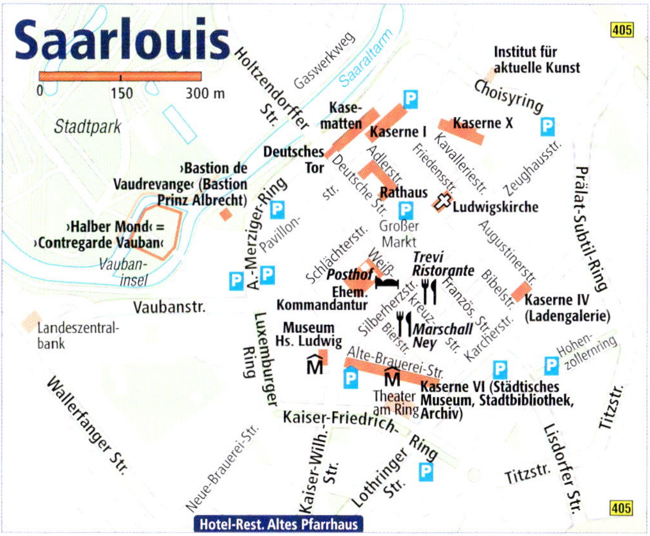

schützte. Inzwischen ist ein Park um die alten Mauern gewachsen, zusätzlich lockt im Sommer ein großer Biergarten (Stadtführungen für Gruppen: Tel. 068 31/44 32 63).

Städtisches Museum:
Alte-Brauerei-Straße, Di–Fr 10–13, 14–17 Uhr, Sa, So, Fei 14–17 Uhr.
Hier ist u. a. das vollständige Vauban'sche Festungswerk, das sternförmige »königliche« Sechseck, im Modell genau zu studieren.

Museum Haus Ludwig:
Kaiser-Wilhelm-Str. 2, Di–Fr 10–13, 14–17 Uhr, Sa, So, Fei 14–17 Uhr.
Ein schöner Ort für ambitionierte Ausstellungen vorwiegend zeitgenössischer und moderner Kunst, von der Malerei über Videokunst bis Comics.

Sport und Freizeit

Schiffsausflüge: Das Fahrgastschiff »Saarlouis« macht ab Anlegestelle »Undine« Rundfahrten saarabwärts bis Mettlach (Fahrplan: Tel. 068 64/ 802 20, www.saar-schifffahrt.de).

Einkaufen

Kaufhaus Pieper: Am großen Markt. Traditionskaufhaus – seit 1885 in Familienbesitz – mit gut sortiertem, gehobenem Warenangebot.

Feste und Unterhaltung

Saarlouiser »Emmes«: 1. Juni-Wochenende (s. S. 17)

Stadt Saarlouis: Großer Markt 1, 66740 Saarlouis, Tel. 068 31/442 63, www.saarlouis.de

Hotel-Restaurant Altes Pfarrhaus:
Hauptstr. 2–4, SLS-Beaumarais, Tel. 068 31/63 83, Fax 628 98, www.altespfarrhaus.de, ab 120 €.
Sehr schöne Zimmer und Suiten in alter Barockvilla. Ausgezeichnete Küche in der **Brasserie Hofhaus** (Tel. 068 31/ 488 96 99, tgl. ab 17 Uhr, ab 8,50 €) und im **Restaurant Trampert** im Pariser Bistro-Stil (Tel. 068 31/96 56 70, www.restaurant-trampert.de, So sowie Sa

Ebenfalls stilvoll umgebautes Altstadthaus an der Basilika.

Ferien-Gästehaus Auberge Journal: Schillerstr. 3–7, Tel. 06851/2578, ab 64 €.
Renoviertes Gästehaus des Café Journal in ruhiger Stadtlage.

Zum Ochsen: Balduinstr. 40, Tel. 06851/7525, So geschl., Hauptgericht ab 6,50 €.
Traditionslokal mit preiswerten, auch saarländischen, Gerichten.

Bistro Wendelin: Schlossplatz 10, Tel. 06851/907936, kein Ruhetag, Hauptgericht ab 4,50 €.
Der Ableger des Gourmetrestaurants Kunz in Bliesen. Große Außenterrasse in der Fußgängerzone.

Restaurant Kunz: WND-Bliesen, Kirchstr. 22, Tel. 06854/8145, www.restaurant-kunz.de, Sa Mittag, Mo, Di geschl., Menü 33–110 €.
Das gastronomische Highlight im St. Wendeler Land, mit einem Michelin-Stern dekoriert. In der angeschlossenen **Jacobstube** gibt es preiswerte Bistroküche (Hauptgericht ab 12,50 €).

Highlight 11

Tholey (G 3)

Der Luftkurort Tholey (13 000 Einwohner) liegt eingebettet in eine traumhaft schöne Landschaft mit Gehöften, Mühlen und Gasthäusern im nördlichen

Gutbürgerliche Küche, Wild aus eigener Jagd. Zimmer ab 22,50 €.

Bistro Tebeck's: Forsthofstr. 22, Wadern-Wadrill, Tel. 06871/3129, Mo, Di geschl., Hauptgerichte ab 6 €. Flohmarkt-Ambiente in schönem alten Bauernhaus, preiswertes vom kleinen Salat bis zum großen Steak.

Hochwaldalm Wadrill: Zur Alm, Wadern-Wadrill, Tel. 068 72/50 56 66 u. 0177/420 84 43, kein Ruhetag, Ostern–15. Nov. ab 11, 16. Nov.–Ostern 12–18 Uhr (im Ort ausgeschildert: »Jungviehalm«), ab 4 €.
Eine richtige Almhütte auf 500 m Höhe mit Rinderweiden ringsum. Ausflugslokal mit Brotzeit und kleinen Gerichten, Kaffee und Kuchen.

Wallerfangen (D 5)

Die Gemeinde (9500 Einwohner) erstreckt sich mit ihren neun Ortsteilen südlich von Saarlouis bis zur französischen Grenze. (Kuriosum: Im Ortsteil Leidingen verläuft die Grenze mitten auf der Dorfstraße!) Sie siedelt auf historisch bedeutsamem Boden. Die sichtbaren Zeugnisse der Geschichte sind interessant, aber unspektakulär. Im Ortsteil Ihn findet man noch die Reste eines gallorömischen Quellheiligtums (frei zugänglich). Der Emilianusstollen im Ortsteil St. Barbara ist das einzige noch vorhandene Zeugnis römischen (Kupfer-) Bergbaus nördlich der Alpen (Zugang Schlossbergstraße, Besichtigung nur n. V., Tel. 068 31/12 40 77). Im Mittelalter wurde hier der blaue Azurit abgebaut. Albrecht Dürer, aber auch alte Meister aus Italien und den Niederlanden malten mit dem berühmten »Wallerfanger Blau«. Ludwig XIV. ließ den inzwischen französischen, Vaudrevange genannten Ort 1687 niederlegen, um die Einwohner in »sein« neues Saarlouis umzusiedeln. Die Verlegung der Steingutfabrik der Familie Villeroy (der spätere Partner der von Bochs) 1789 nach Wallerfangen brachte neuerlichen Aufschwung. Heute dokumentiert ein kleines Heimatmuseum die spannende Lokalgeschichte (Luisenstr. 2, Tel. 068 31/ 602 82, So 15–18 Uhr u. n. V.).

Der französischen Vergangenheit wird hier in Wallerfangen auch kulinarisch gebührend gehuldigt.

Sehenswert

Haus Saargau: Wallerfangen-Gisingen, Tel. 068 37/91 27 62, www.wfus.de, Mo–Mi, So 14–17, Do/Fr 10–12 Uhr.
Typisches Lothringer Bauernhaus aus dem 18. Jh.: ein lang gezogenes Gebäude mit Wohnung, Ställen und Scheune unter einem Dach. Heute ist Haus Saargau ein Museum der ländlichen Alltagskultur mit einem Bauerngarten hinter dem Haus. Auch Info-Stelle des Naturparks Saar-Hunsrück.

Tourist-Information: Fabrikplatz, 66798 Wallerfangen, Tel. 068 31/680 90, www.wallerfangen.de

Sympathie-Hotel Scheidberg: Wallerfangen-Kerlingen, Tel. 068 37/750, Fax 75 30, www.hotel-scheidberg.de, ab 85 €.
Großes, modernes, frei stehendes Haus in ruhiger Lage, Spa, Fitnessraum, 18-Loch-Golfplatz Gisingen in der Nähe.

Hotellerie Waldesruh: Siersburger Str. 8, Wallerfangen-Oberlimberg, Tel. 068 31/966 00, www.waldesruh-wallerfangen.de, 82 €.
Grüne Oase der Ruhe, gemütliche Zimmer. Rustikale Gaststätte (im Winter Fr

Wo die »Hartfießer« marschierten

Weiter geht's über einen langen Hohlweg, dann ein Stück am Waldsaum entlang. Danach beginnt die schönste Wegstrecke: ein märchenhafter Fichtenwald mündet ins verträumte **Tiefenbachtal**. Bald trifft der Bach auf den **Bergmannsbrunnen** mitten im Wald, wo sich einst die Bergleute auf ihrem Weg zur Arbeit stärkten. Viele dieser – wegen ihres robusten Schuhwerks – sogenannten »Hartfießer« kamen nämlich aus den Dörfern des Hochwaldes, marschierten von dort sonntags in die Kohlegruben an der Saar, wo sie die Woche über in großen Schlafhäusern untergebracht waren. Ob sie dabei auch wie die Wanderer von heute die Schönheit dieses Landstrichs genießen konnten? Der Weg wird jetzt wieder zum schmalen Pfad, der sich über Stock und Stein mal ganz zum Bach hinunterhangelt, mal elegante Bögen schlägt um kleine Weiher und Teiche. Plötzlich kreuzt er ganz profan eine Autostraße und windet sich schnell wieder den Hang hinauf zum Hochplateau des Fledermauskopfes, wo man auf der gemütlichen Panoramabank wieder einen schönen Blick in alle Richtungen hat. Von hier aus sind es nur noch ein paar hundert Meter zurück zum Wendelinushof.

Wo die Wanderer rasten

Der offizielle Weg macht hier aber noch eine weitere Schleife runter ins Tal. Noch ein paar mal auf und ab, über Brücken und Treppen durch kleine wilde Tälchen, vorbei an verträumt in der Sonne glitzernden Fischweihern und schließlich noch am mächtigen Komplex des Missionshauses St. Wendel (mit sehenswertem Museum für Völkerkunde!) – dann ist man wieder im gastlichen Wendelinushof. Klar, dass man hier nach der langen, abenteuerlichen Tour gerne noch mal einkehrt, um auch von den leckeren warmen Gerichten und dem feinen Kuchen zu kosten.

Tour-Info

Länge und Dauer: Rundwanderung 15 km, 4,5–5 Std. (mit Abkürzung am Fledermauskopf ca. 3,5 Std.), 300–450 m Höhe, mittelschwer. Zertifizierter Premiumwanderweg mit 74 von 100 mögl. Punkten.
Zeitpunkt: ganzjährig, außer bei Schnee und Eis und nach längerem starken Regen. Am schönsten im Frühjahr vor der ersten Wiesenmahd und im bunten Glanz des Herbstes.
Einkehren und Einkaufen: Café Hofküche (tgl. 9–22 Uhr), Hofladen und Gärtnerei (Mo–Fr 9–18 Uhr, Sa 8–13 Uhr) im Wendelinushof, Ostertalstraße, 66606 St. Wendel, Tel. 068 51/93 98 70, www.wendelinushof.de.
Buchung: Ein 3-Tage-Arrangement »Bosener Genuss-Wandertage« verbindet den Tiefenbachpfad mit der Weiselberg-Gipfeltour, einem weiteren Premiumweg ganz in der Nähe. Es beinhaltet 3 Ü/F, ein Drei- und ein Viergang-Abendmenü, einen »Hüttenabend« mit saarländischen Spezialitäten und anschließender Fackelwanderung. Zwei Lunchpakete für die Wanderungen, Transfers zu den Wegen und zurück zu den Hotels Weingärtner oder Merker am Bostalsee. Preis p. P. im DZ 159–244 €. Buchung über die Tourismus Zentrale Saarland.

Tour 5

Château de Malbrouck in Lothringen

Entdeckungstour auf der Grenze (D 5–B 3/4)

Saarlouis und der Saargau sind der »französischste« Teil des Saarlandes. Von hier aus entdecken wir diesseits und jenseits der Grenze schöne Lothringer Bauernhäuser, kleine Heiligenkapellen und eine mächtige Burg, eine unterirdische Soldatenstadt und eine friedliche Skulpturenstraße mitten auf der Grenze.

Im Glanze des Sonnenkönigs

Wir beginnen die Tour mit einem Rundgang über die Vauban-Insel am Rande der Innenstadt von **Saarlouis** (s. S. 80ff.), das noch beredtes Zeugnis davon ablegt, dass es einst die nördlichste Festungsstadt Frankreichs war. Einzelheiten zur Historie erfährt man im Stadtmuseum (s. S. 81). Von Saarlouis aus fahren wir in den Ortsteil Beaumarais (»Schöner Sumpf«). Dort hausten einst die von Ludwig XIV. abkommandierten Bausoldaten in Baracken, später bauten sich die Günstlinge des Sonnenkönigs vor den Festungstoren schöne Häuser. Eines davon ist das Ensemble Hofhaus und Altes Pfarrhaus, heute ein stilvolles Hotel-Restaurant in barockem Ambiente (s. S. 81f.).

Auf der Hauptstraße geht es hinüber nach Picard und anschließend auf der L 167 hoch auf den buckligen Saargau. Hinter Altforweiler erhebt sich auf einem Bergkegel eindrucksvoll das mittelalterliche Dorf **Berus** (D 6). In der Pfarrkirche St. Martin in der Ortsmitte haben die Gebrüder Guldner aus Lothringen eine bemerkenswerte Barockausstattung geschaffen, u. a. auch eine Holzfigur der Hl. Oranna, der man außerhalb des Ortes am Linsenhübel eine »eigene« Wallfahrtskapelle errichtet hat. Die vielen Pilger, die aus dem Saarland und Lothringen zur Kapelle fahren, passieren dabei auch das Europadenkmal. Es ist den Gründungsvätern Robert Schuman, Konrad Adenauer und Alcide de Gasperi gewidmet.

Nach Lothringen hinüber

Es geht den Beruser Berg wieder hinunter, auf der L 351 Richtung Ittersdorf und noch vor dem Ort links ab auf die B 269. Die führt – man merkt es kaum – über die Grenze nach Lothringen. Erste Station ist dort das Maison Lorrain in **Oberdorff** (C 6), ein Bauernhaus aus dem 17. Jh., in dem die Hausherrin Madame Stallknecht in ihren wunderbaren Stuben typisch lothringischen Hausrat präsentiert – von der Suppenschüssel bis zum Hochzeitsgewand.

Weiter geht es auf der N 918 über Bouzonville zum mittelalterlichen Schloss Saint-Sixte in **Freistroff** (B 6), das die Besitzerfamilie selber restauriert und am Wochenende für Besucher öffnet. Im weiteren Verlauf der N 918, Richtung Thionville, kreuzen wir die Maginotlinie mit ihren vielen Forts und Gefechtsständen, die Frankreich in den 1920er und 1930er Jahren zum Schutz seiner Grenzen errichten ließ. Bei Dalheim biegen wir ab nach Kemplich und gelangen über Monneren nach **Veckring** (A 5). Dort stoßen wir auf die größte Anlage der Verteidigungslinie, das Fort Hackenberg, heute Militärmuseum, eine richtige »unterirdische Stadt«, in der bis zu 1200 Soldaten stationiert werden konnten. Eine kleine Schmalspurbahn, die früher dem Materialtransport diente, befördert die Besucher in diese militärische »Unterwelt«, die einen zugleich staunen und schaudern lässt.

Von Veckring geht es über Monneren, Halstroff, Remeling, Ritzing zum Château de Malbrouck bei **Manderen** (A 3). Abenteuerlich und romantisch ist ein Besuch der mächtigen, aufwendig rekonstruierten mittelalterlichen Burg. Schon die normale Führung durch einen »echten« Ritter ist ein Erlebnis, viel mehr noch die zahlreichen, sehr »französisch-bunten« Events im Laufe des Jahres.

Von Manderen geht es weiter nach Scheuerwald und **Launstroff** (B 3/4). Dort ragen auf einer Anhöhe über den Dörfern 30 »Steine an der Grenze« in den Himmel, die Bildhauer aus aller Welt während sommerlicher Symposien seit 1986 hier geschaffen haben. Es empfiehlt sich, das Auto auf dem zentralen Parkplatz abzustellen und zu Fuß die Steine zu erwandern, was man in 1–2 Stunden gut bewältigen kann. Von diesem poetischen Schlusspunkt der Tour ist man über die nahe A 8 schnell wieder zum Ausgangspunkt Saarlouis zurückgekehrt.

Tour-Info

Länge und Dauer: ca. 90 km, Fahrtzeit 2 Std. Mit Besichtigungen und Pausen 1–2 Tage
Zeitpunkt: Mai–Okt., möglichst am So, weil die Museen dann alle geöffnet haben.
Informationen in Frankreich: SIVUT Pays de Nied (Niedtal), F-57220 Boulay, Tel./Fax 00 33/ 387 57 32 77
Maison Lorrain: 8, rue de la Fontaine, F-57320 Oberdorff, Tel. 00 33/387 78 43 67, Mai–Okt. So, Fei 14.30–18.30, Juli/ Aug. auch Sa 14.30–18.30 Uhr. Gruppen ab 4 Pers. ganzj. n. V.
Château Saint-Sixte: F-57320 Freistroff, Tel. 00 33/ 387 57 96 66, www.chateau-freistroff.com, April–Sept. Sa, So, Fei 15 Uhr, . Gruppen ganzj. n. V.
Fort Hackenberg: F-57920 Veckring, Tel. 00 33/382 82 30 08, www.maginot-hackenberg.com, Mitte März–Mitte Nov. Sa, So, Fei 14.30, Mitte Juni–Mitte Sept. tgl. 15 Uhr deutschsprachige Führung, Gruppen ab 25 Pers. n. V.
Château Malbrouck: F-57480 Manderen, www.chateau-malbrouck.com, Tel. 00 33/ 387 35 03 87, Mai–Aug. Di–Fr 10–18, Sa, So, Fei 10–19, Mo 14–18 Uhr, sonst Di–Fr 10–17, Sa, So, Fei 10–18, Mo 14–17 Uhr. Führungen auf Deutsch: Juli/Aug. tgl., sonst Sa/So, Fei 14.30 u. 16.15 Uhr .
Einkehr/Übernachtung: Au Relais du Château Mensberg, 15, rue du Château, F-57480 Manderen, www.relais-mensberg.com. Gemütliche Zimmer ab 60 €, uriges Lothringer Landgasthaus, sehr gute Küche, 8–27 €, Mo Mittag u. Di geschl.

Register

Bildnachweis/Impressum

Titelbild: Nebel über der Saarschleife
Umschlagklappe vorn: Alte Abtei in Mettlach
Vignette: Gollenstein, Blieskastel
S. 6/7: Saarschleife bei Mettlach
S. 34/35: Weltkulturerbe Völklinger Hütte
S. 106/107: Landschaft bei Selbach
Umschlagrückseite (oben): Saarschleife;
Umschlagrückseite (unten): Ludwigskirche, Saarbrücken

Abbildungsnachweis:
City Tourist Office, Luxemburg S. 98
CDT Moselle S. 105, 116
Winfried Götzinger S. 18, 108
Alice Hoffmann S. 14
laif/Bungert Titelbild
Landkreis Merzig-Wadern Umschlagrückseite (unten), S. 47, 51, 61, 62, 94, 97
Landkreis Neunkirchen S. 56, 59, 89
Landkreis Saarlouis S. 24, 65, 82, 92
Jörg Maubach Umschlagklappe vorn
Franz Mörscher/Region Saarbrücken S. 34/35
Region Saarbrücken Umschlagrückseite (oben), S. 16, 70/71, 74, 110
Saarpfalz-Touristik S. 1, 44, S. 112
St. Wendeler Land S. 2, 20, 22, 39, 85, 86/87, 106/107
Stiftung Europäischer Kulturpark Bliesbruck-Reinheim S. 112
Tourismus Zentrale Saarland S. 3 (oben), 6/7, 28, 36, 67
Tourismus Zentrale Saarland/Eike Bock S. 8/9, 26,
Tourismus Zentrale Saarland/Susanne Renk S. 3 (unten), 12, 79, 90, 114
Tourismus Zentrale Saarland/Helmut Scheuer S. 72/73
Villeroy & Boch S. 53

Kartografie:
DuMont Reisekartografie, Fürstenfeldbruck

Zitatnachweis:
Das Zitat auf S. 24 wurde entnommen aus: Johannes Kühn, Wasser genügt nicht. Gasthausgedichte. Hrsg. von Irmgard und Benno Rech
© 1997 Carl Hanser Verlag, München-Wien
Das Zitat auf S. 115 wurde entnommen aus: Johannes Kühn, Salzgeschmack.
© 1984 Verlag »Die Mitte«, Saarbrücken

Alle Angaben ohne Gewähr. Für Fehler können wir keine Haftung übernehmen.
Ihre Anregungen greifen wir gern auf – schnell und unkompliziert.
DuMont Reiseverlag, Postfach 3151, 73751 Ostfildern, E-Mail: info@dumontreise.de, www.dumontreise.de

2., aktualisierte Auflage 2009

Grafisches Konzept: Groschwitz, Hamburg
Druck: Rasch, Bramsche
Buchbinderische Verarbeitung: Bramscher Buchbinder Betriebe